GRIGORI PETROVITCH GRABOVOÏ

L'HOMME DES CODES DE GUÉRISON MIRACLE

LES ÉDITIONS SAINT-GERMAIN-MORYA

GRIGORI PETROVITCH GRABOVOÏ

ÉTERNITÉ-INFINITÉ

Cette image élève la vibration d'une personne ou d'un lieu. Elle représente l'état du Créateur qui est infini et éternel. Elle peut être utilisée en thérapie. Visualisez-la dans la couleur rose ou violette; la fleur à 4 pétales de même que le cercle qui entoure le chiffre I est en jaune or. Imaginez cette image qui prend contrôle de toutes les cellules du corps pour y apporter équilibre harmonie et beauté. Visualisez la fleur au centre de votre colonne vertébrale comme au centre de chaque cellule de votre corps. Vous pouvez subtiliser cette image dans toutes les pièces de votre maison, derrière les tableaux dans la chambre des enfants etc.

GRIGORI PETROVITCH GRABOVOÏ
L'HOMME DES CODES DE GUÉRISON MIRACLE

Auteur : Serge FITZ
Copyright : Les Éditions Saint-Germain-Morya Inc.
6389, rue d'Iberville
Montréal, Québec
Canada, H2G 2C5
Téléphone : 514-728-1020
Site : www.saint-germain-morya.com
Courriel : edition@saint-germain-morya.com

Imprimé au Canada
4e trimestre 2012
Dépôt légal :
Bibliothèque nationale du Canada
Bibliothèque nationale du Québec
Bibliothèque nationale de France

Spiritualité

ISBN : 978-2-923568-10-2

HOMMAGE À GRIGORI PETROVITCH GRABOVOÏ

ET À TOUS CEUX QUI ONT OUVERT AVANT LUI LA VOIE DE L'AMOUR ET DE LA SAGESSE.

«Devrais-je te comparer à une journée d'été?
Tu es plus tendre et bien plus tempérée.
Des vents violents secouent les chers boutons de mai,
Et le bail de l'été est trop proche du terme.
Parfois trop chaud l'œil du ciel brille,
Et souvent sa complexion dorée ternie,
Et toute beauté un jour décline, par hasard,
ou abîmée au cours changeant de la nature;
Mais ton éternel été ne se flétrira pas,
Ni ne perdra cette beauté que tu possèdes,
Et la Mort ne se vantera pas que tu erres parmi son ombre,
Quand en rimes éternelles à travers temps tu grandiras;
Tant que les hommes respireront et tant que les yeux verront,
Aussi longtemps que vivra ceci, cela en vie te gardera.»

Parole de William Shakespeare

Mes remerciements à

MICHANNE

Pour sa lumière et pour sa fidèle collaboration.

SOMMAIRE

NOTE DE L'ÉDITRICE

La terre est enfant de l'univers, cet univers dans lequel vivent des êtres dont la grandeur et la beauté sont inimaginables pour l'homme. Notre planète est pour eux d'un grand intérêt. Au fil de son histoire, dans ses moments de crise de l'enfance et de l'adolescence, plusieurs étincelles de ces grands feux cosmiques comme des étoiles filantes l'ont visitée pour y injecter amour, science et conscience. On les a nommés Pythagore, Platon, Socrate, Aristote, Moïse, Bouddha, Jésus, Apollonius de Tyane, Saint-Germain, Saint Paul, nommons les apôtres (tous de grands êtres, tous des martyrs), Nicolas Flamel, Philippe de Lyon, Martin Luther King, Victor Hugo, Gandhi pour ne citer que les plus connus. À leur rang, il y a eu bien entendu des Femmes, de saintes femmes, des visages de proue qui ont tant souffert de l'incompréhension de leur entourage. Mais elles ont laissé en héritage les traces de leurs œuvres, témoignages de la lumière qui les habitait. Tous ces grands hommes étaient animés d'une flamme, la Femme, le principe féminin. Sans elle, leur mission serait impossible. Il est important de comprendre cela car nous vivons à l'ère où la femme doit occuper la juste place qui lui revient de droit dans notre monde.

Comme à Bethléem il y a 2000 ans, le 14-11-1963 est né parmi nous sur la terre de la Russie une nouvelle étoile, son nom est Grigori Petrovitch Grabovoï. Enfant d'amour et de lumière, il est porteur d'une bonne nouvelle, celle de la libération par les fréquences harmoniques et les vibrations numériques qu'il a mises au point pour le salut de l'humanité. Grâce à sa simple technique de pilotage, chaque individu pourvu qu'il ait la foi, peut apporter des améliorations dans chaque secteur de sa vie et ainsi aider ses Frères à évoluer vers un avenir où la maladie, la souffrance et la misère seront vaincues sur la terre et de façon globale.

Grigori Petrovitch Grabovoï représente le grand mystère. Ses réalisations sont incroyables... Ses enseignements sont les clefs de réactivation totale. Toute mémoire endormie et oubliée sera réactivée par ses codes. Jamais pareils exploits n'ont été connus du grand public. Il est le Pythagore d'aujourd'hui. Nous croyons que son enseignement poursuivra sa marche ascendante et franchira tous les obstacles, malgré les préjugés traditionnels, les trahisons, les humiliations, les attaques, par le système gouvernemental et religieux qui lui barre la route, car il y a une conscience, une énergie, une lumière, une force vitale dans sa pensée maîtresse qui se veut un rapprochement lucide et résolu de la science et de la religion dont le dualisme ayant détruit les bases de notre civilisation, nous menace des pires catastrophes.

L'homme dans sa dimension la plus noble, se consacre à la découverte du sens et du but de la vie. Il cherche à découvrir le secret de la nature pour le consacrer au service de tous, pour le salut de tous, le salut global.

Par essence, l'âme humaine est immortelle. Elle a connu son développement par sa venue dans la matière, sur un plan tour à tour descendant et ascendant et par des existences alternativement spirituelles et matérielles. Grigori Petrovitch Grabovoï nous propose de considérer cette âme immortelle, clef de l'univers, comme base solide de la vie sur terre. Il nous ouvre à une nouvelle contemplation du monde visible et invisible au moyen de l'intuition et de la voyance psychique.

Le Créateur est UN. Nous sommes en Lui et il est en nous. Nous agissons et évoluons comme des étincelles de sa conscience qui doivent atteindre leur plein épanouissement pour devenir de grands feux cosmiques.

Un des plus grands maux de notre temps est que la science et la religion, considérées comme l'opium du peuple, s'imposent comme deux forces ennemies et irréductibles. Cependant elles semblent s'unir en bloc quand il s'agit de balayer ce qui vient les déranger dans leurs assises profondes alors qu'elles pourraient au contraire s'unir pour être les porteurs de flambeau, les porteurs d'espoir, guidant l'humanité dans son ascension vers la 5e dimension.

L'entente des grandes religions par un retour sous un toit commun, à une source commune d'inspiration, saura assurer la fraternité des peuples et l'avenir de notre humanité.

La planète connait beaucoup de problèmes écologiques et nucléaires. Le point essentiel du travail de Grigori Petrovitch Grabovoï est la préservation de l'être humain. Selon lui, chaque être humain doit être en mesure de porter assistance à son prochain, aussi ses recherches visent en premier lieu la découverte de technologies de prévention qui sont sans risques ainsi que l'interprétation et la transmission de connaissances capables de sauver en cas de maladie et de désastre de tout genre.

L'histoire des nombres est très ancienne. Elle est tout aussi lointaine que l'histoire écrite. On en trouve les traces dans les anciens livres de sagesse comme ceux de la kabbale. Dans la Grèce antique, en Égypte, en Chine, en Perse, la numérologie était en usage. Pythagore, le père des mathématiques qui vécut au VIe siècle avant Jésus Christ a énoncé sa théorie selon laquelle rien dans l'univers ne pourrait exister sans les nombres. Sans eux, il n'y a pas de matière, pas de formes. Ils sont la source de toute chose. Les nombres seraient donc aussi vieux que l'univers. Ils représentent une dimension supérieure de notre être. Ils renferment les clefs de la transformation, les clefs de la libération, les clefs de la transfiguration, celles de l'ascension.

Dans la science des nombres, Grigori Petrovitch Grabovoï nous emmène plus loin que ses prédécesseurs. Cela est dû au fait que notre conscience a évolué à un niveau de compréhension plus élevée. Ses codes possèdent une structure vibratoire, énergétique et spirituelle qui éveille les secteurs endormis de la conscience de l'homme et le ramène à la norme du Créateur. Le moment est venu pour que cet enseignement soit accessible à tous. Ce sont les nombres qui changeront la vibration de la matière qui passera en 5e dimension, permettant à tous les êtres de lumière de venir sur terre en plus grand nombre pour vivre parmi les hommes.

Les chiffres et les nombres aiguisent l'intuition et la perception, permettant de ressentir la connexion à la lumière et à l'amour divin. Ce qui est perçu jusqu'à présent par les médiums dans les plans éthériques, deviendra réalité. L'intuition qui est inscrite dans la cellule d'origine se manifestera et s'incarnera sur le plan terrestre par l'activation de son code.

Les lettres et les nombres qui y sont associés représentent les principes absolus, les clefs universelles qui, appliquées avec conscience et par la volonté, deviennent la source de toute sagesse, de toute puissance. De même que les doigts qui touchent une corde de la guitare ou de la lyre font résonner une note de la gamme et vibrer toutes ses harmoniques. L'esprit qui contemple toutes les virtualités d'un nombre, la voix qui prononce une lettre avec toute la conscience de sa portée, évoque une puissance qui se répercute dans les trois mondes.

Grabovoï en poursuivant la mission de Moïse, de Pythagore, de Jésus-Christ et d'autres prophètes, nous conduit vers une ère nouvelle d'amour, de conscience et de liberté. Il nous conduit vers un nouvel âge d'Or. Son enseignement portant sur la guérison et sur le salut global, utilisant les combinaisons chiffrées, est révolutionnaire et sans précédent. Il est un Maître hors pair dont la venue est annoncée par les prophéties y compris celle de Nostradamus.

François Brousse (1913-1995) a rencontré le comte de Saint-Germain en personne dont il a reçu plusieurs révélations. « Au yeux de François Brousse, le nouvel Hénoch est la réincarnation de Jésus Ben Pandira qui écrivit le livre d'Hénoch : « Il est actuellement réincarné dans un homme de génie slave, dont la voix puissante secouera la Terre aux environs de la fin du deuxième millénaire. C'est le Maître que j'appelle le nouvel Hénoch. Son message reposera sur le panthéisme universel et l'âme collective du genre humain» tiré du livre «le Comte de Saint-Germain et les Maîtres de L'aggartha dans l'œuvre de François Brousse» Les Éditions Saint-Germain-Morya.

C'est vers cette période que le monde commença à entendre parler de Grigori Petrovitch Grabovoï et les codes de guérison, de matérialisation et de manifestation miracle qu'il a mis au point. Par ces combinaisons chiffrées il a ressuscité des personnes décédées, remplacé des organes et des membres amputés et guéri les maladies les plus graves : cancer, sida etc..

Avec Grigori Petrovitch Grabovoï, nous disons que les nombres sont la libération. Il n'y aura plus de crucifixion, la crucifixion sera transfiguration de la cellule par son nombre encodé. Tel est l'enseignement qui est et qui sera, l'enseignement nouveau qui gagnera les consciences à travers toute la terre et qui libèrera l'humanité entière. Avec Grabovoï, il n'y a pas de distance entre le malade et son médecin. Son médecin est en lui-même. Grabovoï nous restitue notre divinité et notre liberté.

Si Grabovoï n'est pas un dieu incarné, il est divinement inspiré par une grande puissance cosmique…

Cet ouvrage expose avec exemples à l'appui l'aide apportée tant aux vivants qu'aux décédés, comme Jésus l'a fait il y a 2000 ans en enseignant, en guérissant et en ressuscitant les morts. Jésus poursuivit le travail de Moïse et Grigori Petrovitch Grabovoï en lignée continue apporta l'activation des mémoires oubliées pour l'ascension de l'humanité dans la 5e dimension.

Ischaïa

PAROLE DE
GRIGORI PETROVITCH GRABOVOÏ

Homme!
Tu es l'univers. Tu es l'éternité.
Tes forces sont inépuisables.
Tes possibilités sont sans limites.
Tu es l'incarnation du créateur.
En toi, Sa volonté.
Par Sa prédestination tu transformes l'Univers.
En toi, Son amour,
Aime tout ce qui est vivant autant que Lui qui t'a créé.
N'endurcit pas ton cœur.
Pense à la bonté,
Fait du bien autour de toi.
Le bien te reviendra durablement.
L'amour te donnera l'éternité
La foi et l'espoir - la sagesse.
Avec la foi de l'amour
Tes forces insoupçonnées resplendiront,
Et tu obtiendras ce à quoi tu rêvais.
L'immortalité est le visage de la vie.
Tout comme la vie
Est la trace de l'éternité.
Soit créateur afin de vivre dans l'éternité
Vis afin de créer l'éternité.

Grigori Petrovitch Grabovoï

QUI EST GRIGORI PETROVITCH GRABOVOÏ ?

L'immense mérite de Grabovoï, disent les Tichoplav (couple de vulgarisateurs scientifiques très connus en Russie), est d'avoir sorti l'humanité d'une erreur pluri-millénaire, consistant à croire que l'on pouvait étudier l'Univers en faisant abstraction de la conscience, alors que c'est la conscience qui construit le monde. Très jeune, Grabovoï étonne son entourage par sa capacité à prédire l'avenir et à expliquer l'Univers. Madame Vanga, la célèbre voyante d'origine bulgare, dit de lui qu'il a un don et qu'il va aider le monde.

-Tu es Dieu, lui dit-elle.

Au Kazakhstan, Grabovoï ausculte les avions par voyance et détecte les pannes probables avant leur décollage, ce qui évite de nombreuses catastrophes. Il soigne des personnes atteintes de maladies graves et redonne espoir à d'autres que la médecine condamne.

Au vu des prodiges qu'il accomplit, on pourrait croire que Grigori Petrovitch Grabovoï est un gourou enturbanné. Il n'en est rien. Il se présente comme un jeune homme de bonne famille, costume strict et cravate. Il a l'air très sérieux et légèrement mélancolique. Il est académicien et savant, docteur en sciences techniques des mathématiques appliquées.

Il est né le 14 novembre 1963 au Kazakhstan dans un village qui porte le nom de Bogara. Ce nom n'est pas neutre. En russe, Bog signifie Dieu, et Râ on le sait désigne le dieu solaire des égyptiens. Toujours en russe, Radouga, arc-en-ciel, vient de râ et de douga l'arc. À l'oreille russe, ce nom a donc des consonances spécifiques. Dès son bas âge, le jeune Grigori fait preuve de capacités non ordinaires. La rumeur court qu'il serait d'essence messianique. Il enseigne aux enfants le futur, leur futur. Très vite, il associe science et spiritualité. Les questions de sécurité du pays l'obsèdent et il travaille à l'élaboration de technologies de protection contre les risques de catastrophes nucléaires. Son livre culte Résurrection et vie éternelle sont désormais notre réalité est connu de tous ses compatriotes, même de ceux qui n'adhèrent pas à ses thèses.

L'histoire de Grigori Petrovich Grabovoï est des plus contrastées. Il a travaillé pendant une dizaine d'années dans l'aéronautique au service de la sécurité. Il est capable de déceler des pannes potentielles par voyance et même d'effectuer des réparations en plein vol, par la seule force de son esprit. Aucun avion officiel russe ne décollait sans avoir été ausculté par Grabovoï. Il participe aux réglages de la station orbitale Mir. Il est un homme des plus précieux.

Grigori Petrovich Grabovoï développe un enseignement qui repose sur la capacité de l'homme à gouverner les événements de la réalité. Dans le cadre de ses travaux, il met au point une technologie spirituelle permettant aux personnes décédées de revenir à la vie par matérialisation de leur corps. À la notion de résurrection, bien connue dans les milieux chrétiens, il associe la renaissance par un retour à la vie avec l'acquis positif de toutes les incarnations précédentes. Cet homme, comme la plupart de ceux qui visent le salut de tous, a eu quelques démêlés avec la politique. Un procès a tenté de le discréditer alors qu'il est considéré par bon nombre de gens comme la réincarnation de Jésus-Christ, avec des demandes pressantes au patriarche de toutes les Russies pour le canoniser de son vivant. On peut difficilement trouver un contraste plus important.

GRIGORI PETROVITCH GRABOVOÏ ET LA SCIENCE

La réalité pour Grabovoï est comme une pièce de théâtre que l'on regarde en oubliant que c'est une pièce de théâtre. Assis dans la salle, le spectateur a les mêmes réactions que face à la réalité. Or la réalité, tout comme le théâtre, n'a rien d'absolu. De manière analogue, les scientifiques prennent pour monnaie comptant un monde qu'ils perçoivent à travers leurs propres conventions et croyances. Ils oublient qu'il est possible à tout moment de changer le déroulement de « la pièce de théâtre » ou simplement de la remplacer par une autre ! Le grand défaut de la science réside dans le fait qu'elle se borne à observer l'Univers à travers le filtre des lois qu'elle découvre, ce qui contribue à les figer de manière dogmatique. Aussi les scientifiques se prennent au piège réducteur de leur propre regard.

Pour Grabovoï, la conscience doit gouverner la réalité et déterminer son orientation. Toute science doit se construire sur cette base. Le caractère de la science créé par les scientifiques est déterminé par leur niveau de conscience. La science qui se découvre à un scientifique, même de très bon niveau, n'a pas de commune mesure avec celle qui apparaîtrait pour un être d'un niveau de conscience élevé. Aussi pour Grabovoï le mot « science » ne veut pas dire grand-chose.

On voit aussitôt l'écart que crée Grigori Petrovitch entre sa conception de la science et celle des scientifiques classiques. Rabelais disait en son temps que « science sans conscience n'est que ruine de l'âme ». Pour Grabovoï la science qui se construit sur les bases de la conscience collective se limite à la science officielle (comme disent les russes la science « orthodoxale »). Ma science, continue Grabovoï, relève en même temps du salut de tous. Elle permet d'édifier des résultats par travail de création. Grabovoï établit un lien indissoluble entre la science et la conscience, autrement dit, entre la science et l'homme.

GUÉRIR LE MONDE POUR SE GUÉRIR SOI-MÊME

Grabovoï affirme que pour se guérir, il importe de songer d'abord à guérir les autres. Cette idée lui confère une dimension messianique. Mais pour comprendre le personnage, il importe de ne pas se laisser « embarquer » dans des interprétations morales ou religieuses. En effet, que sont les autres ? Si la conscience crée le monde, les autres sont une création de la conscience de chacun. Guérir les autres revient à guérir son propre regard sur le monde. Ceux qui pensent que le monde est un enfer génèrent cet enfer par leur regard. Pour Grabovoï, le mal n'existe pas. Seule la compréhension erronée de l'Univers est en cause. Il convient donc de comprendre le monde. Cela revient à comprendre les desseins de Dieu. Dans une situation difficile, certains recommandent de poser cette question : que ferait Dieu à ma place ? Vaste question ! Grabovoï répond dans l'exercice de concentration du 14e jour : « Vous devez apercevoir votre corps rayonnant de la claire lumière du Créateur, une lumière rayonnant la lumière de l'Amour, de la Bonté et de la Santé pour tous, et la lumière de mon enseignement concernant la vie éternelle »

La nécessité de protéger l'Univers des risques d'une catastrophe nucléaire apparaît en filigrane dans tous les textes de Grabovoï. Il dit qu'en cas de conflit nucléaire les âmes en migration peuvent être anéanties et qu'il importe de faire un travail de purification sur soi-même pour éviter la catastrophe. En effet, Grabovoï dit qu'en présence d'un être pur, une explosion atomique ne peut pas se produire. La notion de protection habite au plus profond de lui-même. Dans les exercices de concentration du 21e jour il dit : « Créez la joie, semez le blé, faites du pain, donnez des instruments, donnez des machines et faites en sorte que ces machines soient inoffensives et non-destructrices. Vous allez voir que vous vivez dans cet Univers, vous allez voir ce qui vous est envoyé. Enfin, vous allez voir dans ces machines la manifestation de Dieu et celle de votre conscience. Arrêtez la machine si elle présente un danger».

On peut dire que la maladie correspond dans son essence à une coupure avec le monde, à une forme d'isolement. Le monde alimente l'individu en énergie et en sagesse, à l'image de la nature qui lui permet de se ressourcer à son contact. En sauvant le monde, l'homme se comporte pleinement à l'image de Dieu, c'est-à-dire en créateur. L'importance de l'acte créateur dans la vie de l'homme est l'une des caractéristiques de la pensée de Grigori Petrovitch. Il recommande d'être imaginatif et créatif.

VOYAGE DANS LA CONSCIENCE

Si la conscience est la constructrice de l'Univers, il est facile de comprendre qu'il soit nécessaire d'en augmenter la capacité par des exercices appropriés. Grabovoï propose un exercice d'expansion de la conscience pour chaque jour du mois. Chacune de ces concentrations s'effectue simultanément avec le maintien dans la conscience de l'événement désiré : une guérison, la résolution d'un problème, l'obtention de travail, etc.

Voici l'exercice du premier jour :

1. Concentrez-vous sur la plante de votre pied droit. Cette concentration vous relie avec votre point d'appui au monde extérieur. Appuyez mentalement votre pied sur la terre. La terre est votre point d'appui et d'ancrage. Prenez conscience que la terre est la base de tout. Votre pied droit représente aussi bien le point d'appui que le point de création. Comme ce point est également le point de création, vous pouvez, à l'aide de cette concentration, développer votre conscience.

Sur la base de ce même principe d'après lequel tout pousse et se développe sur terre, y compris votre propre corps, vous pourrez créer n'importe quelle réalité extérieure. La compréhension, autant que l'intégration de ce phénomène, est la base de votre concentration de ce jour comme des jours suivants. Cela étant, vous n'avez pas besoin de vous focaliser sur la profondeur de ce mécanisme. Vous pouvez simplement vous concentrer sur la plante de votre pied droit et imaginer des événements de nature à provoquer la matérialisation harmonieuse de votre objectif. Les mécanismes de votre concentration vont fonctionner automatiquement et vous obtiendrez la matérialisation de l'événement souhaité de façon harmonieuse, car ces concentrations assurent l'harmonie des événements.

Cette concentration peut être effectuée plusieurs fois par jour.

2. - Concentration sur la combinaison à 7 chiffres :

   1 8 4 5 4 2 1

   - Concentration sur la combinaison à 9 chiffres :

   8 4 5 1 3 2 4 8 9

3. Portez votre attention sur l'Univers et sur tout ce qui s'y trouve. Ressentez chaque chose, chaque parcelle du monde, comme étant une partie de vous-même. Vous sentirez comme une brise légère qui vous parvient de chaque objet de l'Univers et qui vous inspirera, vous soufflera vos décisions. Lorsque vous percevrez que tous les objets possèdent une parcelle de votre conscience, alors vous percevrez l'harmonie que nous envoie le Créateur.

En effectuant ces exercices, vous obtiendrez, dit Grabovoï, l'harmonie qui rendra votre chemin joyeux et ininterrompu. Vous pourrez vous sauver et ainsi sauver les autres et vivre éternellement. Ayant à votre disposition ces exercices de concentrations, au lieu de demeurer passif et impuissant face aux événements de votre vie, vous pourrez entreprendre des actions afin de les gérer avec confiance et maîtrise.

Ces exercices inspirent des idées fort intéressantes.

La communication des objets entre-eux

Dans l'exercice de concentration du 5e jour, Grabovoï dit: «Lorsque vous portez votre attention sur un objet donné, vous concentrez votre conscience sur cet objet. À partir de ce rapport avec vous, cet objet, cet élément de la réalité, va posséder un certain degré de votre concentration et un certain volume de vos connaissances. À son tour, cet objet va transmettre à d'autres objets de la réalité les informations qu'il a reçues de vous, ainsi que quelques données concernant votre état d'être. Il en est de même avec la lumière du soleil éclairant des objets, elle se réfléchit sur eux et éclaire les objets avoisinants. De cette manière, lorsque vous fixez un objet quelconque, celui-ci entre en interaction avec vous et commence de lui-même à transmettre quelque chose à son environnement. Donc votre devoir consiste à réfléchir et mettre en évidence ce que chaque élément de la réalité transmet de lui-même à son environnement». Les objets et les murs des maisons se chargent d'informations et les transmettent. On sait en géobiologie que les maisons ont leur histoire et, s'il y a un changement de propriétaire, elles continuent à dérouler leurs scénarios et gare à ceux qui ne le savent pas, quand ce scénario est négatif !

La dissolution des données négatives.

Dans la concentration du 6e jour. «En ce jour, vous allez modifier la densité de la structure de votre conscience par la perception d'objets éloignés. Cette méthode permet d'obtenir la matérialisation de l'événement désiré dans un lieu bien déterminé. Vous devez concentrer votre conscience dans ce domaine. Vous pouvez également utiliser cette méthode pour empêcher que des événements peu agréables se produisent. Pour ce faire, vous devez dissoudre l'information négative en déconcentrant l'état de conscience correspondant. La déconcentration des informations négatives liées à un événement précis conduit à la dissolution de l'événement lui-même… En ce qui concerne les forces destructives, vous pouvez utiliser la méthode de la défocalisation. En défocalisant votre conscience, vous pouvez tellement diminuer la densité de l'information qu'elle cessera d'être perçue, comme si elle n'avait jamais existé».

Si vous vous focalisez par exemple sur une petite douleur, elle persistera et augmentera en intensité. En revanche, si vous vous focalisez sur une activité de contournement, elle va générer une distraction et atténuer ou supprimer la souffrance.

Les zones éloignées de la conscience

Grabovoï évoque souvent les zones éloignées de la conscience sur lesquelles il recommande de se concentrer. Dans la même concentration du 6e jour, voici ce qu'il dit: «La matérialisation d'événements désirés s'accomplit, quant à elle, par un processus de concentration de la conscience, basé lui-même sur des éléments éloignés de votre conscience. Que signifie secteur éloigné de votre conscience? Il s'agit de domaines de votre conscience liés à des questions que vous n'avez pas comprises ou bien dans lesquelles vous n'avez pas voulu pénétrer, considérant que vous allez vous en occuper plus tard, ou bien des éléments que vous ne prenez pas en considération. Dans cette méthode, tous ces éléments sont appelés secteurs éloignés de la conscience.»

Cette notion s'assimile au vide de la physique quantique. Dans la démarche de l'auteur, cela correspond à la notion du vase vide, celle du «je ne sais pas». Elle rappelle la conscience pure qui se manifeste dans les espaces entre les pensées ou entre les images conceptuelles.

LA MALADIE RÉSULTE D'UN CHOIX DE VIE ERRONÉ

Si beaucoup prétendent savoir comment lutter contre la maladie, peu savent ce qu'elle est exactement. Pour Grabovoï, une maladie résulte d'une information parasite. Elle vient perturber l'organisation informationnelle de l'individu. Généralement, elle le focalise sur une problématique particulière et le rend incapable de trouver une solution, faute d'un point de vue global, et la maladie s'installe. Il convient donc de repérer l'information perturbatrice et de l'éradiquer. L'information « maladie » est à remplacer par l'information « santé ». Aussi un travail axé sur la construction de la santé succède-il à celui de la suppression de la maladie. Mais qu'est ce que la maladie ? Elle résulte d'une désharmonisation de l'individu. Aussi, est-il essentiel de retrouver l'harmonie avant de songer aux soins. Une guérison sans une réharmonisation préalable équivaut à une rémission. « Certains essaient de s'en sortir avant même d'avoir trouvé l'entrée » (l'harmonie) affirme fort justement Ariepiev, élève de Grabovoï.

L'École Grabovienne attribue les symptômes aux travers humains. On pourrait croire à un regard moraliste, mais en fait il s'agit d'un regard spirituel dénonçant les tourments de l'âme. Voici des exemples :

- **MAUX DE TÊTE ET CONTUSIONS :** Haine, jalousie, mépris, sous-estimation ou surestimation de soi, peurs, doutes.
- **PERTE DE MÉMOIRE :** Jalousie retenue en soi, idolâtrie de sa propre sagesse.
- **SCLÉROSE :** Volonté de faire, cruauté, colère, peur, absence de souplesse.
- **DIABÈTE :** Jalousie, désir de contrôler la vie d'autrui, acceptation de l'amour comme une valeur absolue.

- **ASTHME :** Mépris, abandon de la recherche de l'amour, conscience exacerbée, répression des sentiments, peur de la vie.
- **MALADIES CARDIAQUES :** Absence d'amour, joie hystérique, émotions, épreuves, absences de joie, tensions nerveuses, méchanceté, stress, peurs.
- **MALADIE DU FOIE ET VARICOSE :** Critiques à votre égard, colères rentrées, vexations, fâcheries, mauvaise entente dans la cellule familiale, mauvaise humeur, dégradation des rapports humains, mauvaises pensées concernant l'entourage, nourriture acide.
- **MALADIES GYNÉCOLOGIQUES :** Conséquence des attitudes agressives vis-à-vis des hommes sur le plan des idéaux et des rapports. Attitudes brutales du sexe fort à l'égard de la femme. Désillusions et peurs. Absence d'amour vis-à-vis de soi. Refus de sa féminité. Culpabilité.
- **CANCER :** Cette maladie a pour causes : la haine, la méchanceté, le mécontentement et les vexations. C'est la maladie de la tristesse et de l'accumulation des offenses. Sont vulnérables surtout les personnes de haute spiritualité, car elles sont plus sensibles aux regrets du passé, à la critique de leurs défauts, aux insuffisances du monde qui les entoure. Blessure de l'âme et autodestruction sont parmi les attitudes caractéristiques des symptômes « cancer ».
- **LA THYROÏDE :** Vexation, plus envie de vivre, agressivité, impossibilité d'exprimer ce qui vexe et rend irritable. Également a pour causes : les compromissions, le sentiment de ne pas vivre la vie que le destin vous a prévue. Sensation d'une route barrée. Sentiment de haine et de révolte liée aux blessures infligées. Sacrifice excessif.

Colère face à l'impossibilité de faire ce que l'on veut. Humiliation. Sensation d'être resté sur le carreau.

- **PROBLÈMES LIÉS AUX SEINS:** Étouffement de quelqu'un par excès d'attention (maternelle).
- **MASTOSE :** Excès d'attention envers quelqu'un.
- **CANCER DU SEIN :** Accumulation de rancœur et de haine. Mécontentement dans une situation amoureuse liée à un manque permanent d'argent et à une dévalorisation sociale.
- **INFLAMMATION PULMONAIRE :** Nourriture trop épicée. Malheurs. Echecs. Vexations liées au travail. Tristesse. Dépression. Fatigue existentielle. Blessures émotionnelles non-soignables.
- **ESTOMAC :** Insatisfaction cuisante des autres, de soi-même, de son destin. Ignorance de la manière de dépasser un événement et d'entrer dans une nouvelle situation de vie. Peur. Dévalorisation.
- **REINS :** Ennui, rancœur contre soi-même, auto-critique, insuffisance d'émotions, peur, désillusion, dépit. Échec, erreur, effondrement. Manque d'assurance, incapacité. Fierté, cruauté, intransigeance. Réactions infantiles. Perte. Nourriture trop salée.
- **HÉMORROÏDES :** Émotions liées au souvenir du passé. Griefs sévères contre soi-même. Programme d'auto-destruction.
- **SYSTÈME GÉNITO-URINAIRE :** Griefs contre soi-même et perte de l'envie de vivre.
- **IMPOTENCE ET MALADIES URINAIRES CHEZ L'HOMME :** Jalousie, vexation, offenses, mépris des femmes.
- **VESSIE, ANUS, ORGANES GÉNITAUX :** Déviations concernant les fonctions du corps et

fixation sur la sexualité. Émotions fortes. Griefs contre soi-même.

- **RHUMATISMES :** Critique permanente des autres et de soi-même. Dans toutes les situations, désir d'être parfait aux yeux des autres.
- **ACCIDENTS :** Expression d'une irritation ou d'une incapacité à exprimer ses sentiments. Révolte contre les autorités ou la hiérarchie.
- **HYPOTENSION :** Manque d'amour dans l'enfance. Déception au niveau de ses capacités.
- **HYPERTENSION :** Émotions liées au passé.
- **EXCÈS DE POIDS**: Peur et besoin de protection (de la douleur, de la critique, de la sexualité, des offenses). Refus de sa propre personne. L'excès de poids émousse les sentiments et empêche de s'offenser sur soi-même et les autres.
- **PROBLÈMES DE PEAU, INFLAMMATION, NEZ-GORGE, MAUX DE TÊTE :** Agressivité.

Toute guérison est de ce fait indissociable d'un changement de regard sur la vie et de l'adoption d'un nouveau comportement.

CONCENTRATION SUR LES FORMES

Puisqu'une maladie résulte, nous l'avons vu, d'une information parasite, il est facile de comprendre que l'on puisse la neutraliser en se concentrant sur des formes. En effet, dans information il y a forme. Il s'agit donc de déconstruire cette forme en se focalisant sur une autre forme compensatrice de la première. En voici quelques exemples :

- **POINT :** maladie d'Alzheimer, asthme, crise d'épilepsie, dérangement du tube digestif, maladie du système osseux.
- **LIGNE DROITE :** nausées, coliques, hémorroïdes.
- **VECTEUR :** maux de tête.
- **SURFACE PLANE :** pneumonie, furonculose.
- **TRIANGLE :** maladies nerveuses, saignements, maladies de la vessie.
- **TRAPÈZE :** rhume, état fiévreux, maladie de Parkinson, maladie de la peau.
- **CARRÉ :** grippe, fièvre, douleurs musculaires, alcoolisme.
- **TRIANGLE RECTANGLE :** cancer.
- **CERCLE :** perte d'appétit, obésité, anxiété, dérèglements des cycles féminins.
- **LIGNE BRISÉE :** maladie des reins.
- **SPIRALE :** anémie.
- **SPHÈRE :** tension, tendance aux inflammations, bronchite, douleurs aux oreilles, dyspepsie, leucose.
- **TORE :** maladie du foie.

- **CUBE :** état d'anxiété, tumeur, furonculose.
- **PARALLÈLÉPIPÈDE :** baisse de tension, allergies, tendance aux infections, brûlures, maladies de la poitrine, maladies du cœur.
- **OCTAÈDRE :** excès d'appétit, boutons.
- **ICOSAÈDRE :** mal aux dents, eczéma.
- **DODÉCAÈDRE :** baisse de la vue.

PRINCIPE GRABOVIEN DE GUÉRISON PAR LES COMBINAISONS CHIFFRÉES

Grabovoï prône le travail de réharmonisation cellulaire par concentration sur des combinaisons chiffrées. Voici ce qu'il en dit. Si la maladie résulte d'une information parasite, on comprendra facilement que l'on puisse chercher dans des formes le remède nécessaire. Or toute forme peut être décrite par des chiffres, ne serait-ce qu'au niveau des angles qu'ils forment, par exemple 90° pour un carré ou un cube, 60° pour un triangle. En se concentrant sur une série de chiffres, vous pouvez vous guérir de la maladie correspondante ! Se pose alors la question : comment la concentration sur une succession de nombres définis, peut-elle être si effective pour la guérison des maladies ? Une procédure qui s'avère d'une telle simplicité ! De quoi s'agit-il ? Voici sa réponse.

Chaque maladie représente un écartement de la norme. La guérison de la maladie signifie le retour à la norme. Ainsi une série de chiffres assure le retour à la norme. En se concentrant sur la succession des nombres, en s'accordant à cette série de chiffres, vous effectuez le retour de l'organisme à la norme. Pour l'explication de l'essentiel d'un tel traitement, il faut dire quelques mots sur la structure vibratoire des nombres.

Notre vie est imprégnée par le rythme. Les planètes font leur rotation périodique autour du Soleil. Pour la Terre, on constate l'alternance périodique de l'hiver et l'été. La Terre tourne sur son axe et le jour succède à la nuit.

La situation est la même dans le micro plan. Les électrons dans l'atome réalisent des mouvements réguliers autour du noyau. Chacun de nous peut entendre les battements réguliers de son cœur. Dans notre organisme, chaque cellule possède son rythme. Chaque groupe de cellules en possède un autre. Dans leur grand ensemble, c'est-à-dire au niveau d'un organe, il y a encore un autre rythme. Il y a également un rythme au niveau des liens entre les organes.

De ce point de vue on peut comparer l'organisme à un orchestre. Un orchestre ne doit pas jouer faux. Le son de l'organisme doit être harmonieux. Mais si un organe s'écarte de la norme, c'est-à-dire commence à jouer faux, cela annonce l'arrivée de la maladie. Alors vous devez, en tant que chef de votre orchestre, agiter la baguette d'orchestration et restaurer le son harmonieux.

On peut découvrir le rythme également là où à première vue il est absent. Regardons les couleurs de l'arc-en-ciel ou celles de belles peintures artistiques. Mais qu'est-ce que les couleurs du point de vue de la science ? Il s'agit d'ondes électromagnétiques d'une certaine fréquence. La fréquence des vibrations dans la partie violette du spectre visible est approximativement deux fois plus grande que la fréquence des vibrations dans le domaine du rouge. La différence de la perception de la couleur résulte d'une différence de fréquence des vibrations électromagnétiques. Il en est de même en ce qui concerne les nombres. Derrière chaque nombre il y a une structure vibratoire qui lui correspond. On peut dire la même chose à propos de la succession des nombres. Chaque série de chiffres peut être regardée comme une combinaison de leurs rapports les uns avec les autres. Si on revient un instant aux couleurs du spectre, on peut se rappeler que la science et la technique possèdent une grande expérience de l'utilisation de leurs combinaisons. Prenez par exemple la télévision en couleur. Toutes les couleurs que vous voyez sur l'écran ne résultent en fait du mélange que de trois couleurs : rouge, vert et bleu. Chacune de ces couleurs prend l'éclat nécessaire, suivant la représentation chromatique demandée.

L'orchestre ne vibre pas de la même manière qu'un instrument pris séparément. Chaque ensemble de couleurs du spectre donne un effet particulier. Il en est de même avec les ensembles de nombres.

Une mauvaise combinaison de chiffres dans le numéro de bord d'un l'avion peut faire apparaitre des vibrations indésirables. Et vice versa, un ensemble de chiffres justes contribue au développement favorable d'évènements harmonieux. La méthode donnée du traitement se fonde sur cette propriété réharmonisante de la combinaison des chiffres.

Pour n'importe quelle maladie, une juste succession de nombres amène la guérison, c'est-à-dire ramène l'organisme à la norme. Maintenant que nous savons que derrière chaque nombre et chaque succession de chiffres, il y a une structure vibratoire correspondante, on peut décrire la méthode de guérison autrement. Si la succession correctement choisie des chiffres amène l'organisme à la norme, c'est parce que la structure vibratoire se trouvant derrière cette succession numérique est elle-même une norme. Elle donne le son nécessaire, le ton juste. La concentration sur cette succession des chiffres harmonise l'organisme exactement comme le timbre du diapason permet d'accorder les instruments de musique.

Le corps de la personne est structuré en sept parties auxquelles sont associées des combinaisons chiffrées de restauration de la santé.

1. La tête.. 1 819 999
2. Le cou.. 18 548 321
3. La main droite.. 1 854 322
4. La main gauche...................................... 4 851 384
5. Le tronc.. 5 185 213
6. Le pied droit.. 4 812 531
7. Le pied gauche.................................. 48 5148 291

Comment utiliser ces combinaisons ? Supposons qu'une personne ait mal à la tête, on peut se servir de la série de chiffres destinée à la tête. Si la personne éprouve, par exemple, des sensations douloureuses à la fois dans deux ou plusieurs parties du corps, il faut successivement se concentrer sur des séries correspondant à ces parties.

Quelques mots sur les séries comprenant différentes quantités de chiffres. Comparons entre-elles les successions de 7, 8 et 9 nombres.

- La succession qui comprend 9 chiffres assure généralement la guérison d'une à deux maladies bien définies.
- Une série de 8 chiffres guérit en moyenne cinq maladies.
- Une série de 7 chiffres peut guérir plus de dix maladies. Une telle série possède de grandes possibilités, et son domaine d'application est considérablement plus large que les autres combinaisons à 8 ou 9 chiffres.

Dans l'utilisation des combinaisons chiffrées, plusieurs possibilités peuvent être explorées : vous pouvez lire, méditer ou vous concentrer sur la série d'un bout à l'autre. Par exemple : de gauche à droite 2 1 4 5 4 3 2 ou en sens inverse, de droite à gauche : 2 3 4 5 4 1 2. L'action sera plus spécifique en se concentrant sur chaque nombre pendant un temps identique ou un temps différent, selon votre intuition.

Revenons à la télévision colorée qui utilise seulement trois couleurs : rouge, vert, bleu. La combinaison de ces trois éléments donne une nouvelle couleur. On peut changer la couleur résultante en changeant l'intensité de ses trois composantes.

En changeant la durée de la concentration sur les nombres, nous modifions l'intensité de l'action de ce nombre, c'est pourquoi il agit autrement. Dans la pratique, fiez-vous à votre intuition, bien que la restauration de la santé soit obtenue quelle que soit la durée de concentration.

J'attire votre attention sur le point suivant : en vous concentrant sur les nombres, vous devez en même temps « voir » (imaginer) les organes absolument sains. Ceci est important pour l'obtention rapide du retour à la santé.

Par cette méthode, on peut également soigner d'autres personnes.

Pour l'acquisition de la « santé-norme » on utilise souvent des « harmonisants », c'est-à-dire des mantras ne comprenant que quelques phrases. Ces harmonisants, correctement lus, possèdent une grande efficacité. Ici la méthode est semblable. On utilise une succession définie de mots, mais dans la méthode que nous examinons, on utilise une succession définie de nombres. Le mot est aussi un symbole derrière lequel il y a une structure vibratoire énergétique et spirituelle.

Mais revenons au nombre. Derrière chaque nombre, comme derrière chaque mot, il y a une structure vibratoire énergétique qui en assure l'efficacité.

À partir d'une telle approche, on pourrait également analyser différents phénomènes de notre vie. Prenez par exemple la musique. La structure « spirituelle-énergétique » vibratoire se trouve derrière chaque son. C'est pourquoi la musique peut exercer une telle influence sur les auditeurs.

Puisqu'il existe des séries de chiffres pour la guérison des maladies, on peut facilement comprendre qu'il existe également des séries de chiffres pour la résolution des problèmes de la vie.

Dans l'existence, il est fréquemment nécessaire de prendre des décisions. Par exemple :

- Accepter ou ne pas accepter une offre d'emploi.
- Se demander si l'activité choisie vous aidera dans votre développement personnel.
- S'interroger si la situation existante est favorable pour l'entreprise d'une nouvelle action commerciale.
- Se demander si telle décision est parfaitement opportune.
- Se questionner sur le choix d'un partenaire lorsqu'il s'en présente plusieurs à votre horizon.
- Se demander si votre désir coïncide avec vos besoins.

Quel que soit le type de situation que vous rencontrez, des séries de chiffres d'optimisation vous aideront à résoudre le problème.

De plus, les combinaisons de chiffres structurent la conscience pour une meilleure gestion des événements. Ils aident à venir à bout de plusieurs tâches et à mieux vous orienter dans le monde manifesté.

Les séries de chiffres sont liées au plan spirituel pour la guérison des maladies. Voilà pourquoi leur utilisation contribue au développement de l'âme et de l'esprit. Ils facilitent le développement personnel et l'harmonisation avec l'Univers.

LE POUVOIR SECRET DES NOMBRES

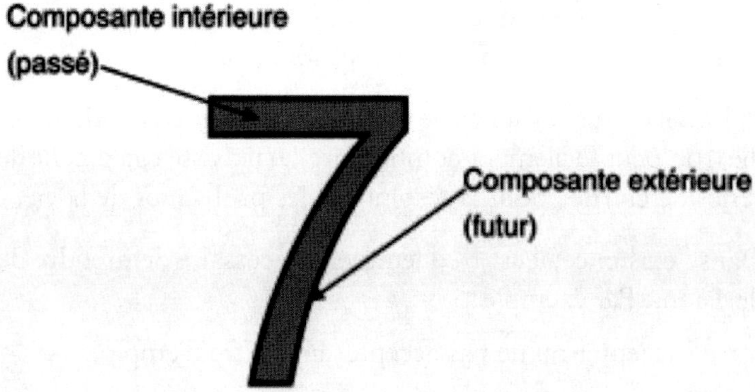

Pour Grabovoï le monde peut être décrit par des chiffres. Le chiffre comporte une structure informative capable de révéler dans la conscience de l'individu l'information qu'il ne pourrait percevoir autrement. En vous concentrant sur des chiffres, vous pouvez créer dans le futur un événement désiré et programmer sa réalisation dans le présent. Comment est-ce possible ?

Grabovoï poursuit : « considérons le chiffre comme une structure informative ayant une forme et possédant un rapport avec le temps. Le chiffre tend vers l'infini : 1, 2, 3, 4… Chaque chiffre possède un rapport avec l'autre. Par exemple 2 est l'avenir de 1. Le 3 est l'avenir du 2, et ainsi de suite.

Chaque nombre précédent « contient » le suivant.

Le nombre oriente la conscience de manière à ce que le présent devienne son temps d'avenir, dit Grabovoï. Cela signifie que les chiffres assurent le rapprochement d'un futur heureux par voie de résonnance avec la concentration et l'évocation de l'événement souhaité. En vous concentrant sur un chiffre, vous éveillez des portions de conscience éloignées. De sorte que le chiffre adapte votre évolution à ces données éloignées. La notion des zones éloignées de la conscience est très présente dans la pensée grabovienne. On peut la comparer à une forme de lâcher prise, une attention «diluée», une mise en état de réceptivité. Cela n'est pas sans rappeler la nécessaire défocalisation du regard pour voir le relief de certaines images en 3D, et voir surgir des portions du sujet non perceptibles en 2D!

Le chiffre possède à la fois un point de stabilité et un point d'évolution tendant vers l'infini. L'information que vous introduisez dans le chiffre va se situer entre ces deux points vous donnant accès à la fois au monde intérieur et au monde extérieur. Le chiffre possède du reste une composante intérieure (intérieur du chiffre) et extérieure (son contour). La première concerne le passé, la seconde l'avenir. C'est elle qui crée la réalité.

Pour obtenir un résultat, placez à l'intérieur du chiffre une information ou une tâche concrète à réaliser. Compressez le chiffre et vous obtenez la réalisation souhaitée par la mise en mouvement du contour du chiffre. Si les chiffres proviennent les uns des autres, ils n'en sont pas moins autonomes et procèdent à la fois de la perception de l'âme, de l'esprit et de la conscience.

Toute concentration, et plus particulièrement sur les chiffres, repose sur le croisement de plusieurs processus relevant du passé et du futur. Pour Grabovoï, le passé correspond à un plan vertical et le futur à un plan horizontal. Cette structure correspond au double invisible de l'homme.

Les chiffres transforment la structure temporelle afin que la norme puisse se manifester dans l'avenir. La pensée est action. Lorsque vous vous concentrez sur les chiffres, ils réalisent les événements en fonction de la vitesse de votre pensée. Or, comme la conscience est multifonctionnelle et que les chiffres contiennent un grand nombre d'informations, les chiffres aident la conscience à organiser un grand volume de sous-espaces afin d'obtenir un «pilotage» instantané. Que faites-vous lorsque vous essayez de résoudre un problème? Vous limitez le nombre de solutions.

Lorsque vous vous concentrez par exemple sur le « 7 », il éveille en même temps dans votre conscience une variété de solutions. Vous pouvez constituer vos propres combinaisons chiffrées en les trouvant par exemple au pendule, par voyance ou par intuition. Si vous n'y parvenez pas, vous pouvez vous concentrer sur une combinaison chiffrée donnée par Grabovoï. Dans tous les cas, vous obtenez encore plus de variétés de solutions.

Nous avons tenté, dans nos propres ateliers, une expérience proposant à un groupe de stagiaires de choisir une combinaison chiffrée au sein d'une liste de combinaisons de réharmonisation non-identifiées. À chaque essai, le choix des participants se portait sur celles qui soignaient des pathologies dont ils avaient souffert ou dont ils souffraient encore. Même en faisant ouvrir le livre de Grabovoï au hasard, les stagiaires tombaient sur une page comportant une combinaison qui leur était nécessaire !

SOINS DES MALADIES TUMORALES ET HARMONISATIONS DIVERSES

Grabovoï propose pour chaque réaction corporelle nommée maladie, une combinaison chiffrée particulière. De nombreuses personnes se soignent actuellement de la sorte. Vous pouvez vous concentrer successivement sur chaque chiffre de la suite, les chanter, les déclamer, les écrire et les placer sur la partie du corps à soigner. Vous pouvez vous concentrer sur le premier et le dernier chiffre, puis sur le second et l'avant-dernier et ainsi de suite. Ce qui donne par exemple pour la combinaison 2 145 432, une concentration sur 2 et 2, puis sur 1 et 3, puis sur 4 et 4 et enfin sur 5. Vous pouvez inscrire les combinaisons sur un sparadrap et le coller sur la partie du corps à soigner. Vous pouvez travailler en trois dimensions en imaginant que vous êtes à l'intérieur d'un cube et placer les combinaisons sur une arête intérieure du cube, puis déplacer la combinaison vers une autre arête. Vous pouvez faire tourner les chiffres autour de vous dans le sens des aiguilles d'une montre en augmentant la vitesse.

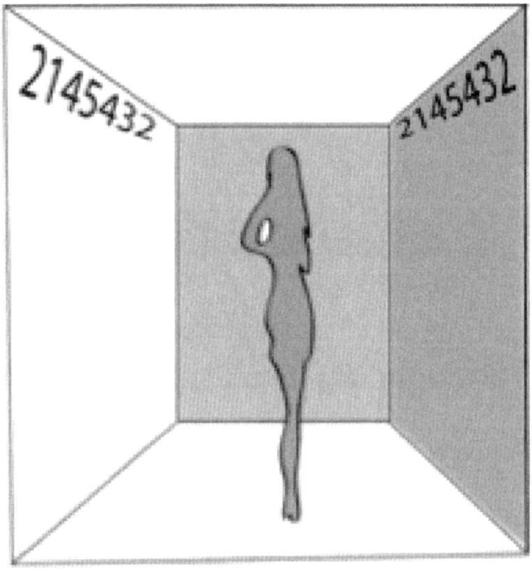

LES MALADIES TUMORALES - 8 214 351

Tumeur maligne de la bouche et de la gorge 12 356 689

Tumeur maligne de l'intestin grêle 5 485 143

Tumeur maligne des testicules 5 814 321

Lymphome de la peau 5 891 243

Mésothélium 58 912 434

Mélanome..5 674 321

Neuroblastome 8 914 567

Tumeurs malignes du système osseux 1 234 589

Tumeur de l'utérus...9 817 453

Tumeur du cerveau et de la moelle épinière 5 431 547

Tumeur des glandes surrénales 5 678 123

Tumeur des cavités nasales et des sinus.......................8 514 256

Tumeurs des cavités naso-pharyngiennes 5 678 910

Tumeur de la parathyroïde...1 548 910

Tumeur du pancréas et des îlots de Langerhans 8 951 432

Cancer des papilles du grand duodénal 8 912 345

Cancer du vagin et des parties génitales extérieures 12 589 121

Cancer de la lèvre 1 567 812

Cancer de l'estomac 8 912 534

Cancer de la vésicule biliaire..8 912 453

Cancer du canal cholédoque extra hépatique.............5 789 154

Cancer de la peau 8 148 957

Cancer de la glande mammaire 5 432 189

Cancer de la vessie 89 123 459

Cancer du foie...5 891 248

Cancer des intestins 8 912 567

Cancer du pancréas..8 125 891

Cancer du pénis..8 514 921

Cancer du rein 56 789 108

Cancer de l'urètre 5 891 856

Cancer de la prostate 4 321 890

Cancer des glandes salivaires 9 854 321

Sarcome rhabdomyoblastique chez les enfants 5 671 254

Cancer du gros intestin et du colon 5 821 435

Cancer de la thyroïde...5 814 542

Cancer des ovaires..4 851 923

Sarcome des tissus mous 543 211 891

Sarcome de Kaposi 8 244 382

PRÉVENTION PAR LES COMBINAISONS CHIFFRÉES

Normes des laboratoires 1 489 991

Accouchement normal 212 580 911

Pour éviter les insomnies et la somnolence 514 248 538

Pour transformer du négatif en positif 1 888 948

Obtention de rapports harmonieux
dans la famille 285 555 901

Inciter les enfants aux études 212 585 212

Harmoniser les rapports dans un collectif 14 111 963

Élargir la conscience 188 888 891

Établir une communication télépathique
avec G.P. Grabovoï 3 582 295

Mieux assimiler l'enseignement de G.P. Grabovoï 17 981

Résoudre des questions et des problèmes 25 122 004

Stabilisation de business
(domaine professionnel) 212 309 909

Résolution des problèmes sociaux 8 137 142 133 914

Normalisation de la situation financière 71 427 321 893

Prévention contre les problèmes de transport 11 179

Lors de la concentration, inscrivez la combinaison chiffrée à proximité de vous. Placez-la dans votre porte-monaie, affichez-la dans votre bureau, placez-la en évidence dans votre appartement, placez-la dans vos documents, votre passeport.

SITUATIONS PARTICULIÈRES

Harmonisation générale, norme 297 140 851

Norme de la tranquilité également avant les concentrations 1 888 948

Guérison de tous 8 888 588 888

Norme absolue de la santé 1 814 321

Auto régénération de l'organisme 817 992 191

Situations critiques 1 258 912

Intoxications graves 4 185 412

Guérison (y compris cancers) 2 145 432

Antigrippe 7 794 218

Angine 1 999 999

Laryngite 4 548 511

Rhume (rhinite) 5 189 912

Otite 55 184 321

Sinusite 1 800 124

État de choc 9 179 841

Insuffisance respiratoire 1 257 814

Mort clinique 8 915 678

Restauration immédiate de la santé 19 751

Fixation accélérée de la norme 917 253 481

Travail avec le liquide de la moelle épinière 1 489 100

Rappellons que toutes ces réharmonisations fonctionnent d'autant mieux que l'individu accepte de se remettre en question et de comprendre qu'il n'y a pas de maladies mais que des malades, dont l'âme émet un signal de détresse sous forme de symptômes.

RESTAURATION DES TISSUS

Pour la restauration des tissus, Grabovoï fournit des combinaisons chiffrées spécifiques de 12 chiffres. Il propose de les utiliser de manière particulière. Ainsi pour les organes de grande taille, il recommande de se placer, par la pensée, entre les chiffres et de recueillir la lumière qui s'en dégage. Cette procédure implique de visualiser les chiffres de manière très nette.

Autre recommandation : observez les combinaisons comme si vous les regardiez d'en haut. Visualisez les combinaisons en les plaçant entre la représentation graphique des organes concernés et leurs reflets dans une glace.

On peut également restaurer un organe à partir de la combinaison chiffrée de restauration d'un autre organe et se concentrer sur les chiffres qui se retrouvent dans l'une et l'autre combinaison. Ainsi, par exemple, la combinaison générique pour les organes des sens étant 214 712 514 312 et celle du système osseux 214 318 214 818, la concentration se fera donc dans ce cas sur le 2, le 1, le 4 et le 3.

Au moment de la concentration, vous vous représentez en même temps les chiffres et les événements émotionnels que traverse l'individu. Cela permet de comprendre les interactions avec l'extérieur et d'agir sur elles.

Dans les césures entre les trio de chiffres, on peut voir apparaître un mot qui désigne la résolution du dysfonctionnement et le ressentir par intuition. Grabovoï recommande de faire preuve de créativité et d'imagination. Ainsi pour la combinaison chiffrée correspondant au coeur 918 749 328 081, dans l'intervalle entre 918 et 749 pourrait apparaître un mot tel que « vie ». Chacun verra apparaître son propre mot.

LES PRINCIPALES COMBINAISONS GÉNÉRIQUES DE RESTAURATION DES TISSUS

Cellules et tissus..829 379 429 841

Système nerveux..219 317 819 298

Organes des sens...214 712 514 312

Système osseux..214 318 214 818

Articulations...814 312 214 712

Muscles...214 712 314 222

Organes internes...523 000 898 111

Système respiratoire...598 788 428 317

Système urino-génital...898 398 412 842

Glandes..889 314 219 798

Système cardio-vasculaire.......................................214 700 819 891

Système des organes...314 815 514 312

Organisme comme un seul tout.............................419 312 819 212

TECHNOLOGIES DE RAJEUNISSEMENT

Le vieillissement provient d'une autoprogrammation et de l'influence de la conscience collective (cc). On peut s'en libérer par un travail approprié. Lisez ou bien dites à voix haute les combinaisons chiffrées suivantes : 1 2 3 4 8 1 4 et 1 4 2 1 3 8 4

Introduisez par la pensée chaque combinaison sur la feuille d'un végétal ou d'une branche et maintenez en mémoire, parmi les photographies vous représentant, celle qui vous plaît le plus. Concentrez-vous sur ces images de jeunesse et de bonheur. Placez l'une de celles-ci devant vous à hauteur des yeux et concentrez-vous en même temps sur les combinaisons chiffrées. Envoyez une impulsion (information) de la photographie vers vous-même. (Toute photo comporte votre sceau vibratoire). Concentrez-vous sur la combinaison : 2 1 4 5 4 3 2. Reprenez votre souffle. puis passez à la concentration sur la combinaison : 2 2 1 3 4 4 5.

La conscience de Dieu comprend la conscience collective. Dans la conscience collective, on trouve notre parcelle de conscience qui se retrouve dans la conscience de Dieu. Dans le travail sur le rajeunissement nous dépendons de la conscience collective. Notre propre rajeunissement doit être associé à celui de tous les êtres humains. Pour cela nous devons agir sur la conscience collective.

RAJEUNISSEMENT ET EMBELLISSEMENT.

Les hommes se concentrent sur la région extérieure du genou droit et les femmes sur le coude droit.

TECHNOLOGIES DE RAJEUNISSEMENT VIA L'HYPOPHYSE.

Représentez-vous une grande sphère de lumière en tant que conscience divine (CD). À l'intérieur de cette sphère, placez une sphère plus petite représentant la conscience collective (CC). À l'intérieur de la sphère de conscience collective se trouve votre propre sphère représentant votre conscience personnelle (CP).

Première opération : vous amplifiez et élargissez votre conscience personnelle (CP), vous y incluez la conscience collective (CC) et fondez le tout dans la conscience divine (CD), dans laquelle se trouve la jeunesse et la vie éternelle.

Deuxième opération : placez la sphère élargie au-dessus de votre tête, car vous allez transférer cette information vers votre hypophyse. Éclairez la sphère entourant votre hypophyse, puis éclairez votre hypophyse elle-même. Éclairez ensuite la cellule de votre hypophyse. Tout cela vous donne la norme hormonale correspondant à l'éternité.

Troisième opération : éclairez le noyau de la cellule. Éclairez l'ADN. C'est l'information de la norme qui permet la création des protéines dans l'organisme. Derrière l'ADN nous voyons la conscience de la cellule. Dans la conscience de la cellule se reflète l'Univers tout entier. Dans cet univers nous voyons notre forme. Nous commençons à rapprocher de nous l'image de cette forme. Elle peut ne pas correspondre à notre image actuelle car elle correspond à l'image prototypique. Le rajeunissement va précisément vous rapprocher de cette image première. Une lumière se dégage de cette image et illumine votre ADN. À partir de là commence la transformation de votre ADN. Ensuite la lumière va illuminer le noyau de la cellule et se répandra dans toute la cellule et dans toute l'hypophyse.

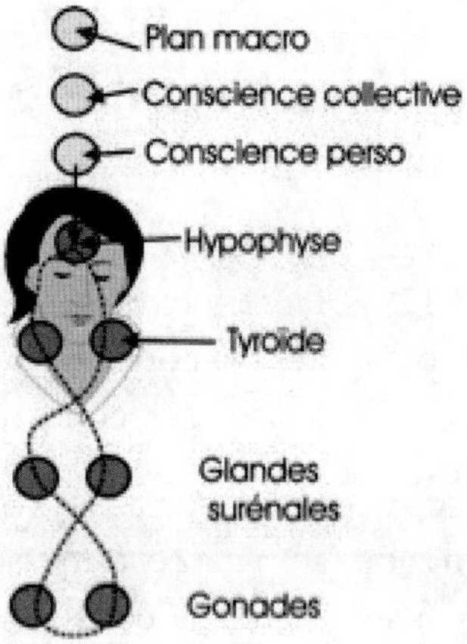

Quatrième opération : de l'hypophyse, vous envoyez la lumière vers votre thyroïde, puis vers le pancréas, puis les glandes surrénales, les testicules (les ovaires pour la femme). La norme du niveau hormonal correspond à la jeunesse éternelle.

Cinquième opération: vous répandez tout autour de l'organisme la lumière de l'hypophyse. Vous envoyez cette lumière vers la sphère de votre conscience qui s'est étendue jusqu'à celle de la conscience divine (CD) et qui contient la conscience collective (CC).

L'ensemble doit être fixé par la lumière du Créateur.

Remarque: Il est recommandé de dessiner mentalement toute cette opération, de la visualiser pour bien l'intégrer.

GRIGORI PETROVITCH GRABOVOI L'HOMME QUI PACTISE AVEC L'ÉTERNITÉ

Grabovoï dit que la qualité principale de Dieu est l'éternité et, par conséquent, il importe d'entrer dans l'éternité car elle ne connait pas de problèmes. Grabovoï est l'homme du chiffre huit. Voici ce qu'il dit dans l'exercice journalier de concentration du huitième jour:

«Vous voyez que l'infini de la courbe du chiffre huit réunit en elle les univers que vous avez déjà rencontrés au cours des sept jours précédents. Lorsque votre univers se réunira avec tous les autres Univers, vous constaterez que votre joie est proportionnelle à la diversité des Univers. En ressentant chaque parcelle de l'Univers comme une joie universelle, vous verrez que la joie est éternelle de même que la bienveillance. Dans cet état de joie universelle, vous lèverez les mains au ciel et vous verrez la promesse divine d'un bien-être général qui vous appelle vers l'Éternité. Voyez l'Éternité là où elle se trouve. Voyez l'Éternité à l'endroit où elle n'existe pas. Voyez l'Éternité à l'endroit où elle a toujours existé et vous allez devenir le Créateur de l'Éternité à l'endroit où, du point de vue des autres, elle n'existait pas. Si vous voyez l'Éternité, vous la créez et vous serez toujours éternel, en tout, dans toute l'Éternité et dans n'importe lequel des Univers. Vous allez devenir Créateur à l'image de Dieu. Créez l'Éternité et vous allez vous créer vous-même. En vous créant, vous allez créer l'Éternité, de même que l'Éternité peut créer un autre Univers, de même que le Créateur a créé tous les Univers simultanément».

Vous pouvez vous adresser à l'Éternité et recevoir sa réponse. Pour cela vous lui envoyez votre question et vous ressentez, recueillez en retour sa réponse. Elle arrive sous forme de chaleur comme une sorte d'écho.

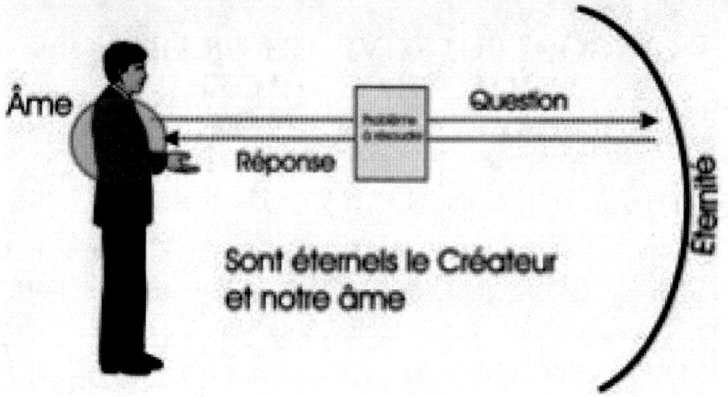

RÉGÉNÉRATION D'ORGANES

FORMATION D'UNE CELLULE SAUVEUR

Perle des technologies bio informatives grabovienne, la «cellule sauveur» remplit de joie tout un chacun. Une cellule qui vous sauve de l'intérieur! Un vrai miracle! Imaginez autour de vous des sphères d'un diamètre de 30 cm de couleur lilas-violet. Ce sont des portions de votre conscience. De près, des portions de conscience rapprochée. Plus loin, des portions éloignées et plus loin encore, des portions très éloignées (proches de l'étoile polaire). L'une des portions de conscience éloignée s'illuminera comme une étincelle. Prêtez-lui la fonction de «cellule vivante».

RAPPROCHEZ-LA DE VOUS ET COMMENCEZ À TRAVAILLER AVEC ELLE.

1. Remplissez-la de lumière violette.
2. Introduisez à l'intérieur le mot « sauveur », la combinaison chiffrée d'harmonie : 14 111 963 (elle correspond à la date de naissance de Grigori Petrovitch Grabovoï). Introduisez à l'intérieur le symbole de l'éternité (huit debout) et de l'infini (huit couché). Le croisement des deux donne « la fleur de vie ».
3. Si vous êtes en présence d'une maladie concrète, introduisez la combinaison chiffrée de soin correspondante. Illuminez-la de lumière lilas-violet. Elle est prête au travail.
4. Introduisez cette cellule dans l'organe malade avec l'intension de son rétablissement dans la norme et faites-la circuler dans l'organe en tournant dans le sens des aiguilles d'une montre.
5. Observez comment la « cellule-sauveur » commence à se multiplier et régénérer l'organe malade. Représentez-vous l'organe s'illuminer de lumière lilas-violet. C'est un organe sain dans la norme du Créateur. Puis représentez-vous cet organe dans sa couleur naturelle.

Le moment le plus propice pour faire ce travail est de 22h à 23h, heure de Moscou.

Cellule sauveur

1. Multipliez la cellule sauveur en très grande quantité.
2. Pour recréer par matérialisation un organe absent, observez-le attentivement dans un atlas médical.
3. Formez dans votre conscience l'organe sain nécessitant une régénération.
4. Voyez-le de manière précise, claire et détaillée à l'endroit où il doit se reconstituer. Entourez son contour par les « cellules sauveurs ». Introduisez une cellule au centre de l'organe et multipliez-la afin de constituer une mosaïque.
5. Prononcez : « le contour de l'organe sain a remplacé celui qui existait ou celui qui a été enlevé. Je le veux ainsi et ce sera de la sorte ». Créez l'organe une fois. Si vous n'avez pas la clairvoyance, recommencez l'opération plusieurs fois.

N.B. : Les anciens guérisseurs soignaient les reins en plaquant sur le corps une olive fraîche et juteuse comme si elle était un rein sain.

RÉGÉNÉRATION ET SOINS DES DENTS D'APRÈS A.N. PETROV (ÉLÈVE DE G. P. GRABOVOÏ)

Les problèmes de dents concernent pratiquement tout le monde. Il est donc utile d'en déterminer les causes et d'apporter de nouvelles solutions. Les problèmes avec les dents surviennent lorsque l'on se mêle du rapport entre un homme et une femme et lorsque les enfants se mêlent du rapport conjugal de leurs parents. Le fait d'exclure des personnes de son entourage se répercute également sur la santé des dents. Pour rétablir la situation, il convient de reconsidérer les événements du passé et, sur le plan informationnel, faire revenir les personnes écartées de votre conscience. Prenez la décision d'admettre que chacun suit son chemin. Il faut savoir à ce niveau que les dents sont reliées non seulement à tous les organes, mais également à l'Univers tout entier. Soigner les dents revient à rétablir l'harmonie avec son environnement. A.N. Petrov déclare dans une de ses conférences «Si vous ne pensez pas à l'Univers et uniquement à vos dents, pourquoi voulez-vous que l'Univers puisse penser à vous?» Et il précise qu'en fait, il n'y a pratiquement pas de travail à faire, juste à recevoir l'impulsion de l'Univers en retour à l'attention que vous lui portez. La cacophonie cesse lorsque toutes vos cellules obéissent à un seul chef d'orchestre: vous! Le travail de régénération se fait par la conscience cellulaire. À 99,99%, cela se fait tout seul, mais il importe que vous fassiez le travail des 0,01 %. Il convient d'offrir à votre conscience, une conscience qui permet de vaincre les programmes destructifs, y compris ceux de la mort. Ce programme existe il suffit de le réactiver. Si vous placez la vie éternelle devant vous et non la mort, vous n'aurez plus de problèmes dans l'existence. Pour vaincre la mort, ne lui accordez plus ni importance, ni attention. Lorsqu'on fait de la sorte, le négatif s'estompe.

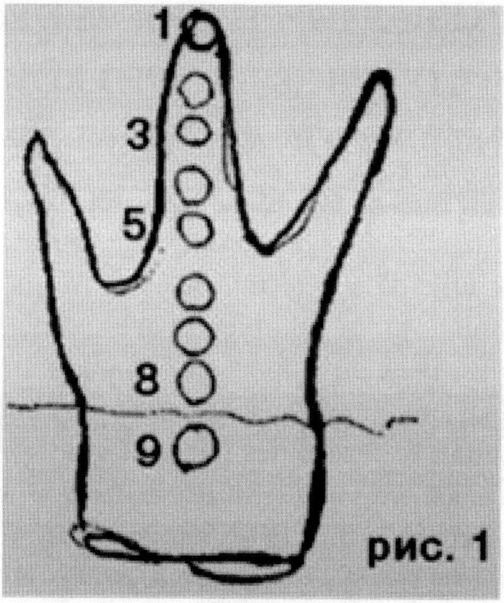

Figure 1

Notre conscience permet à l'âme de gouverner notre corps physique. L'âme, qui est éternelle, est en rapport avec tout notre environnement. Elle a donc pleine capacité de restaurer et de ressusciter. La régénération des dents est une mini-résurrection.

La seule difficulté provient de la conscience collective (cc). Notre sens de la réalité est lié à la conscience collective. En changeant notre propre conscience, on peut changer également la cc.

Mais voici la technologie telle que l'expérimente avec succès A .Petrov, l'un des disciples de G.P. Grabovoï. «Nous reconstituons l'hologramme de la dent telle qu'elle a été dans le passé et telle qu'elle sera dans le futur.

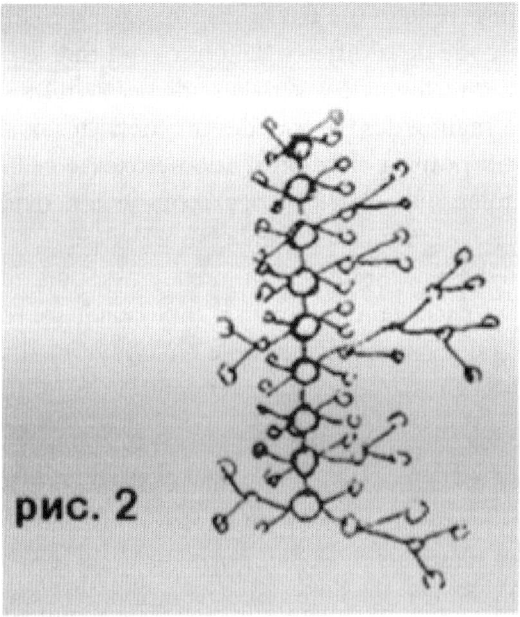

figure 2

Plaçons le centre du chiffre 8 sur la gencive. (figure1). L'activation au niveau du 8 accélère la formation de la dent et en éjecte tout le négatif. Placez dans le huit l'information de l'existence de l'embryon de la dent. L'embryon ne comporte rien de négatif. Le processus de régénération se lance par le biais des cellules souches. Par l'impulsion nous reconstituons la racine de la dent saine. Pour cela nous entrons dans le chromosome, et illuminons la carcasse informationnelle de la dent saine, c'est-à-dire son hologramme. Nos cellules obéissent à notre conscience et les chromosomes obéissent également à notre conscience.

Prenons la cellule souche de la colonne vertébrale et téléportons-la dans la racine de la dent (1) à la frontière entre la mâchoire et l'emplacement de la dent manquante. Donnons l'impulsion de la reconstitution de la première cellule du tronc de la dent. De cet ensemble extrayons deux autres cellules, ce qui nous donne trois cellules (3) puis nous extrayons encore deux autres cellules

(5), puis trois cellules (8). Il se forme un embryon. Introduisons ensuite le code de la différenciation, c'est-à-dire le passage des cellules non-différenciées vers le stade des cellules spécialisées dans la formation des tissus et des organes. Puis nous donnons l'impulsion pour la création d'une neuvième cellule à partir de la première (9). Après la formation de la neuvième cellule commence la division des cellules souches qui deviennent des cellules dentaires (figure 2). On introduit de plus des « cellules source » pour accélérer le processus (une cellule source peut être assimilée à une source leader, celle qui gouverne un paquet de cellules similaires). Ces cellules rendent le tissu plus souple et facilitent la pousse de la nouvelle dent.

Par le biais de la thyroïde, on rétablit les liens ayant existé entre la dent et les organes correspondants (la conscience connaît ces liens). Des filaments de couleur blanche-argentée apparaissent entre la thyroïde et les dents en restauration. Nous transposons ensuite toute cette situation sur les autres dents qui nécessitent une restauration ». Il arrive qu'au cours du processus on ressente une insensibilisation locale, puis des vibrations.

Précisons que sur les radiographies, les portions de dents régénérées paraissent artificielles.

Dans la démarche grabovienne on ne soigne pas l'organe dit malade, mais on rétablit ses liens avec les organes environnants. La maladie provient d'un isolement du monde.

RESTAURATION DES DENTS D'APRÈS NADÉJDA KOROLEVA (ÉLÈVE DE G. P. GRABOVOÏ)

Voici la technologie de restauration des dents abîmées recueillie auprès d'une élève de Grabovoï, Nadéjda Koroleva. Les expressions verbales sont quasi «canoniques». Dans un premier temps, il convient de dire à voix haute: «je prends la décision d'agir de la même manière que Dieu agit. Je vois la structure informative et informationnelle de la carie. Je l'inclus dans la macro sphère contenant du plasma chaud, je compresse et je brûle». Dans un deuxième temps, on ajoute: «je vois la cellule leader de la carie (cellule chef d'orchestre). Je l'englobe dans la macro sphère contenant le plasma chaud, je compresse et je brûle».

J'envoie le flux de la matière vivante. Régénération. Norme. Matérialisation sur le fond de l'âme du créateur. Je fixe ma décision par la lumière du Créateur. Qu'il en soit ainsi à partir de ce jour (nommer le jour, le mois et l'année) et pour l'éternité.»

C'est une technologie universelle. On peut travailler en surface et en profondeur, c'est-à-dire à l'intérieur des tissus. En restaurant la cellule leader, on obtient la régénération des tissus ou des organes.

Pour accélérer le processus de régénération des dents, il est important d'opérer non pas de l'extérieur, mais de l'intérieur. D'une manière générale toute la structure osseuse se restaure rapidement lorsqu'on entre à l'intérieur de celle-ci. Il existe une cellule informative du tissu osseux de la dent. Il faut entrer dans la cellule informative du tissu osseux de la dent et travailler à partir de cette cellule. En éjectant l'information négative, elle va générer une impulsion qui va se répandre aux autres cellules et contribuer à la restauration de la dent. Ce processus étant relié à la conscience collective va malheureusement freiner la restauration dentaire. C'est pour cela qu'il est important d'entrer à l'intérieur de la dent pour se mettre en quelque sorte à l'abri de la conscience collective.

On peut également entrer dans le point de la cellule activant la croissance de la dent (il suffit de la nommer) et plus particulièrement dans le point informationnel et informatif de la croissance de la dent. Ne pas hésiter à faire preuve d'imagination en la matière. On peut également introduire la combinaison chiffrée de Grabovoï de la suppression de la carie : 5 148 584.

Voici donc la technologie au complet.

Vous dites : « j'agis de la même manière que le « Dieu unique » (c'est une expression typiquement russe). Je prends la décision d'entrer dans la dent, je vois la cellule informative du tissu osseux de la dent, j'introduis le plasmoïde (substance contenue dans l'âme servant d'instrument subtil), je donne l'impulsion d'une dynamique d'action au plasmoïde. Le plasmoïde se met à agir de manière spiralaire suivant le sens des aiguilles d'une montre. Dépliez l'espace du plasmoïde et la régénération s'effectue à la vitesse de l'absolu. La norme de la restauration de la dent s'effectue suivant le modèle divin. Terminez par la formule : « matérialisation sur le fond de l'âme du Dieu créateur, je fixe ma décision par la lumière du Créateur. Qu'il en soit ainsi à partir de maintenant (date) et pour l'éternité. »

VOICI QUELQUES COMBINAISONS CHIFFRÉES D'APPOINT :

5 148 584 (carie)

814 454 251 (cassure)

5 182 544 (douleur)

Tous ces paramètres ne sont pas faciles à comprendre, mais l'expérience montre qu'il suffit de les nommer pour que cela marche.

TECHNOLOGIES BIO INFORMATIVES

PRODUCTION D'OZONE

Pour Dieu, l'Homme est l'élément le plus important. D'ailleurs, sa simple image possède des propriétés humaines. Grigori Petrovich Grabovoï écrit que si l'on introduisait une poupée ayant l'aspect d'un homme dans un espace vide, au bout de quelque temps il se formerait de l'oxygène. Les savants américains ont réalisé cette expérience. Ils ont placé une poupée dans un espace vide et constaté au bout d'un certain temps l'apparition d'oxygène. Les savants n'ont pas pu expliquer ce phénomène. Il peut cependant être compris par le simple fait que le corps humain possède la propriété de dégager de l'ozone. Par la suite, lorsque l'homme maîtrisera cette technique, il pourra vivre de manière autonome dans n'importe quelle atmosphère, et même sans.

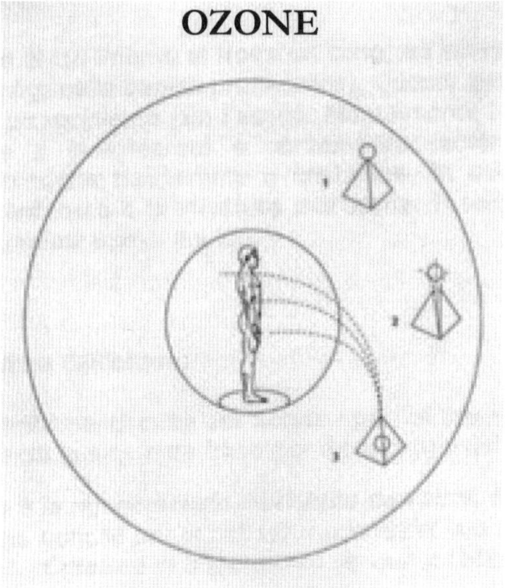

TECHNOLOGIE DE GUÉRISON DU CANCER

A l'intérieur d'une sphère de 5 m, nous nous représentons une pyramide au sommet de laquelle se trouve une sphère. C'est la sphère de l'âme de l'homme. La pyramide est celle de l'âme du Créateur, une lumière absolue, la lumière du Créateur. Lorsque la sphère se positionne sur la pyramide, la pyramide commence à s'entrouvrir et à émettre une lumière qui nettoie la sphère de l'âme.

Nous observons comment la sphère se nettoie, commence à émettre de la lumière et se remplit de plus en plus de lumière. Dès que la sphère se remplit de cette lumière vive, la pyramide s'ouvre et la sphère pénètre à l'intérieur. C'est à ce moment qu'il se produit une émission d'ozone. Elle se produit de façon que les cellules négatives se transforment en cellules positives. L'ozone régénère les cellules, il en possède la capacité.

Prononçons et réalisons le pilotage : « Je vois les cellules malades et la tumeur. Je prélève la quantité d'ozone nécessaire pour en imbiber les cellules malades et je les brûle ». Les cellules commencent véritablement à être mangées par l'ozone, à se calciner et à noircir. Dès que la tumeur est noircie, nous accentuons la concentration en ozone afin qu'il puisse transformer ces cellules en cellules saines Au même moment apparaissent des cellules d'hémoglobine qui se mettent à engloutir les déchets. La quantité d'hémoglobine doit être contrôlée en donnant l'ordre à l'hypophyse : « l'hémoglobine se forme en quantité nécessaire ».

Cette technologie fonctionne très bien dans les cas de cancer. Ensuite on efface l'information (négative), on modifie la structure informationnelle et on fait appel à la cellule leader.

Remarque : curieusement Grabovoï semble adhérer aux versions officielles sur le « cancer » et paraît ignorer les travaux du professeur Béchamps sur les microzymas, ces micro-organismes qui construisent et déconstruisent les cellules d'appoint en cas de nécessité de renforcement des performances d'un organe. Mais puisque les technologies de Grabovoï fonctionnent, cela illustre bien le fait que l'intention prime sur la connaissance.

LES DEUX COLONNES DE LUMIÈRE

Concentrez-vous et représentez-vous à votre gauche une colonne de lumière blanche-argentée s'élançant vers les hauteurs.

Associez cette colonne de lumière à l'enseignement de Grigori Petrovich Grabovoï (G.P.G.) concernant le salut de tous et le développement harmonieux.

A votre droite, représentez-vous une colonne de lumière de la couleur de votre choix (par exemple une teinte dorée, violette, rose) à l'intérieur de laquelle vous allez introduire la résolution d'un problème ou un objectif à atteindre (par exemple la modification d'une situation quelconque).

Indiquez les délais de la résolution.

Concentrez-vous et représentez-vous les deux colonnes de lumière s'élançant en hauteur, vers l'infini, se rejoignant et rayonnant une lumière composée des deux couleurs de base.

Cette lumière descend sur vous et vous baigne.

Essayez de regarder encore plus haut la lumière qui vient du sommet. Elle possède une tonalité composite, c'est-à-dire qu'elle comporte les informations concernant l'enseignement de Grabovoï et votre propre lumière.

Répandez cette lumière autour de vous afin de résoudre non seulement votre propre problème, mais également ceux d'autrui. Dès que vous avez visualisé cette lumière provenant d'en haut, vous avez pratiquement réussi à piloter les événements de manière à obtenir la résolution de votre problème à travers le macro salut de tous. En d'autres termes, vous résolvez votre problème par l'intermédiaire de la résolution du problème de tous. Dès que la lumière commence à se déverser plus rapidement, pensez à la manière de réaliser vos objectifs. Vous devez être sûrs de vous. Placez ces objectifs également à votre droite. Vous constaterez que l'espace autour de vous cesse d'être perceptible car vous travaillez dans le plan des idées.

PILOTAGE DE LA GUÉRISON PAR LES BULLES DE TEMPS

Le temps est de l'énergie (les Américains disent bien « time is money »). L'astrophysicien russe Kozirev affirme que les étoiles sont alimentées par l'énergie du temps. On peut donc facilement comprendre que cette énergie puisse être pilotée (apprivoisée).

Comment ?

On sait que le temps s'écoule de manière discontinue. Qui n'a pas senti que le temps s'accélère ou au contraire se traîne ou même devient invisible. L'expression « on n'a pas vu passer le temps» en témoigne. On peut par conséquent se représenter le temps sous forme d'un chapelet de gouttes. Imaginez devant vous un tel «chapelet de gouttes» qui s'écoulent une à une vers vous suivant une fréquence donnée, par exemple toutes les 24 heures ou toutes les heures. La méthode de pilotage du temps consiste à insérer dans chaque goutte des intensions suivant une progression donnée. Par exemple, dans le cas d'une souffrance physique, on insère dans la première goutte l'intention d'une diminution de la douleur de moitié, dans la goutte suivante on place l'intention d'une diminution de la douleur encore de moitié (elle est donc au quart de sa puissance). On poursuit de même pour les gouttes suivantes. En général on programme 7 gouttes. Lorsque la douleur est vive, on choisit des fréquences de temps plus rapprochées : par exemple toutes les cinq minutes. Pour faciliter la visualisation, on peut symboliser ce que l'on souhaite éliminer ou le représenter par une forme : un carré, un tube, un cylindre, etc..

Lorsque la douleur s'est arrêtée, il est recommandé de poursuivre le travail sur le plan de l'harmonisation cellulaire. La douleur découle d'une rupture d'harmonie. C'est un signal d'alarme incitant «l'orchestre cellulaire» à jouer juste. Il convient donc d'harmoniser l'ensemble en se défocalisant de toutes les préoccupations obsédantes.

À la dernière étape, on passe au travail de changement de conduite personnelle afin de s'harmoniser avec l'ensemble de l'Univers. En termes clairs, cela signifie se libérer de toutes les formes d'exclusion dans son propre champ perceptif. Plus de bons ni de mauvais ! En plaçant dans les bulles de temps ces intentions, vous vous mettez progressivement à l'écoute de ce que l'Univers va vous apporter en échange de l'attention que vous lui porterez. Chaque personne a quelque chose à vous apporter pour peu que vous la regardiez sans œillère, ni filtre.

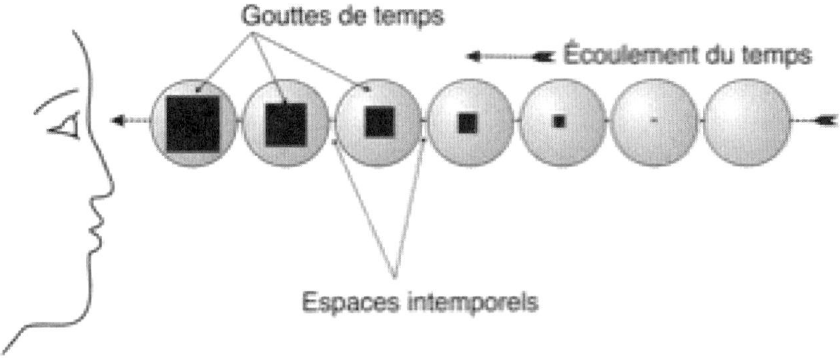

Remarque importante : lorsque les chapelets des bulles de l'énergie temps se trouvent remplies par des pronostics à évolution négative, ce qui est prédit se réalise, non pas du fait de la justesse du pronostic, mais du fait d'une autoprogrammation. De même, comme l'immense majorité des personnes sont persuadées que la vieillesse et la mort sont inéluctables, elles finissent par vieillir et mourir.

TECHNOLOGIE DE LA SPHÈRE

1. À une distance de 1m50 devant vous, visualisez, voyez, représentez-vous une sphère de couleur blanche-argentée, d'un diamètre de 30 à 40 cm.
2. À l'intérieur de cette sphère placez mentalement une sphère de plus petite dimension dans laquelle vous introduisez par exemple ce souhait. Exemple : J'introduis à l'intérieur de la sphère l'objectif global visant à sauver le monde et à prévenir une éventuelle catastrophe globale.
3. Puis à l'intérieur de la première sphère, introduisez votre objectif personnel. Par exemple : Je demande de purifier tout le négatif de mon cerveau et de mon hypophyse. Que tout soit restauré dans la norme, la norme du Créateur,

tant au niveau cellulaire qu'au niveau des fonctions de mon cerveau et de mon hypophyse.

4. Remplissez l'intérieur de la sphère d'une lumière blanche-argentée. Envoyez cette lumière vers un organe. Ressentez comment elle pénètre à l'intérieur et vous remplit entièrement.
5. Remerciez le Créateur.

Procédez de la même façon pour les autres organes.

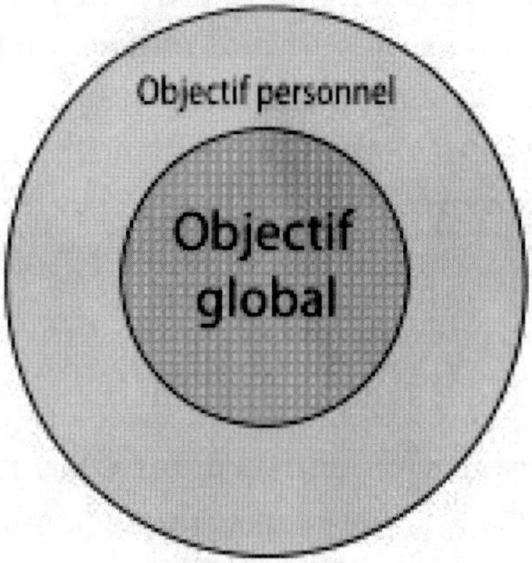

Les deux sphères

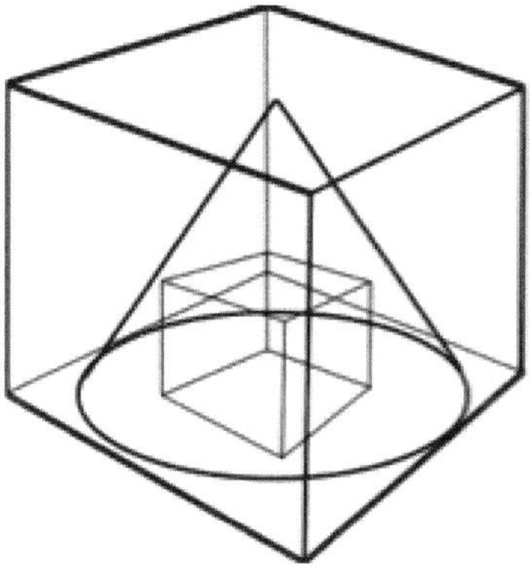

Le système cube-cône-cube
de Grigori Petrovitch Grabovoï

PURIFICATION DE L'EAU

Pour purifier l'eau domestique :

1. Introduisez par la pensée une figure constituée d'un cube-cône-cube dans le robinet d'arrivée d'eau pour vingt-quatre heures.
2. Dites la formule de pilotage : « afin d'épurer l'eau des poisons, toxines, microbes, additifs ou impuretés, et dans l'objectif de structurer son niveau moléculaire tel qu'il a été conçu par le Créateur et ceci pour l'Éternité ».
3. En pensée ou à voix haute dites : j'introduis le « système cube-cône-cube » dans tous les plans d'eau et les rivières (épicentre de la catastrophe ou de la région sinistrée), pour obtenir des guérisons instantanées ainsi que l'épuration des poisons, des toxines, des radionucléides et des combinaisons chimiques néfastes. Avec mon Amour associé à l'Amour du Créateur, je mets en action cette technologie dans l'éternité et dans l'infinité.

TÉMOIGNAGES DE GUÉRISON

ACCIDENT

Nous avons sorti Oksana d'un coma. Un grave accident de voiture l'a laissée sans connaissance, avec une jambe cassée, un traumatisme crânien et le bassin fracturé. Après son hospitalisation, nous avons aussitôt commencé à travailler avec les combinaisons chiffrées : 1 895 232 / choc traumatique et la combinaison 1 258 912 / situation critique. Le même jour Oksana sombra dans le coma. Nous avons continué le travail avec la combinaison chiffrée : 1 111 012 / coma et la combinaison autorestauration de l'organisme : 7 448 914 761. Le diagnostic médical stipula embolie et hémorragie cérébrale. Nous avons continué à travailler avec les combinaisons chiffrées et au passage de l'information à travers une sphère vers le cerveau concernant le salut, la guérison et le retour à la vie. Nous avons fixé la date de la sortie du coma au 12/01/05. Tous les 10 jours nous avons travaillé sans relâche avec les combinaisons chiffrées et la combinaison concernant la tumeur au cerveau : 5 451 214.

Le matin du 12 janvier 2005, Oksana reprit conscience mais au bout d'un certain temps retomba dans le coma. Cela se renouvela à plusieurs reprises. Le soir du même jour, Oksana a repris conscience et commença à nous demander où elle se trouvait. Les médecins furent très impressionnés qu'avec un tel diagnostic elle ait pu sortir du coma si rapidement et nous parler, il est vrai qu'il n'y avait pas de rupture dans les fonctions cérébrales.

Ensuite, nous continuâmes le travail avec les combinaisons chiffrées concernant les chocs et l'activation des cellules souches de l'organisme et la restauration de l'organisme. À la suite de cela, Oksana fut déplâtrée un mois avant la date pronostiquée par les médecins. Les effets secondaires de l'accident s'estompèrent rapidement. Hier, le 10 avril, Oksana est passée me voir à mon bureau. Je pense que sans le travail avec les combinaisons chiffrées de Grigori Petrovitch Grabovoï, la médecine n'aurait pas été en mesure de sauver Oksana.

ALTÉRATION DE L'UTÉRUS

Je me suis concentré sur les mains à l'aide du code 54 321 459. J'ai visualisé mon utérus sous la forme d'une sphère que je remplis de couleur rose et d'une énergie rayonnante. J'ai placé sur le col de l'utérus le code (54 321 459). Les enfants l'ont démultiplié à l'aide de l'imprimante et placé un peu partout dans la maison. Au bout de 10 jours, les examens cliniques ont révélé l'absence de l'érosion.

NANISME

J'ai travaillé avec le code 4 141 414. L'enfant de 16 ans a travaillé également en enregistrant ce code sur son ordinateur. Au bout de six mois, il a gagné 6 cm. Sa grand-mère et sa tante l'ont confirmé. Le plus spectaculaire fut au niveau de l'harmonisation des proportions de son corps, devenant celle d'un homme adulte. Ses épaules s'élargirent et son bassin s'est réduit.

STÉRILITÉ

Nous avons travaillé avec le code 1 888 711. Au bout de deux mois, Maïa tomba enceinte.

FIBROME

Machsouda, 42 ans, souffrait d'un fibrome de la taille d'un pamplemousse. J'ai travaillé avec le code 5 148 538. Pendant trois mois Machsouda travailla de son côté. Le fibrome a diminué jusqu'à la grosseur d'un citron.

DOULEUR DENTAIRE

On a travaillé ensemble avec le code : 1 488 514. Nous avons travaillé ensemble. Nous plaçions le code dans des sphères. Au bout d'une heure la douleur s'estompa et disparut. Au bout de deux semaines, on passa une radiographie : la dent était devenue saine.

OBÉSITÉ

Valia Daniela, 26 ans. Elle souffrait d'une surcharge pondérale importante. Nous avons travaillé à l'aide du code : 4 812 412. Nous placions ce code aux endroits du corps présentant un embonpoint important. Au bout de deux mois, la silhouette de Valia retrouva ses proportions harmonieuses. Son corps est devenu plus solide et ferme.

RÉSURRECTION

Grigori Petrovitch Grabovoï, « phénomène du millénaire », l'homme-miracle, affirme que la mort n'est pas un phénomène naturel. Il prône la résurrection et la vie éternelle dans le même corps. Deux mille ans après Jésus, Grabovoï remet la résurrection dans l'actualité ! Il fait descendre le divin sur Terre, et nous restitue la divinité que les églises avaient confisqué en ayant fait du frère Jésus un Dieu « vivant » au Ciel. Grabovoï est l'homme-messie-terrien, un homme parmi les hommes de Dieu, à qui Il restitue leurs capacités divines dont celle de ressusciter les morts. Cette resurrection n'est pas que physique, elle implique une résurrection de notre regard. On ressuscite en changeant notre regard, notre vision, c'est-à-dire en accédant au déploiement de notre créativité à l'image de Celui qui s'est autocréé : Dieu. Le processus est prodigieux. Grabovoï offre 50 technologies de résurrection ! En voici une :

« Ce que vous comprenez bien se loge dans des endroits rapprochés de la conscience et ce que comprenez moins bien ou pas du tout se trouve dans les endroits éloignés. Ce sont précisément ces zones de moindre compréhension ou de non-compréhension qui sont utilisées dans la méthode qui suit. Leur avantage est de ne pas nécessiter une perception claire des liens qui les composent. Il apparaît que le travail de la résurrection puisse s'effectuer dans ces zones de la conscience. Lors de la résurrection, il se produit des changements sur les micro et macro plans : processus cellulaires, formation d'organes. Ces processus sont très nombreux puisqu'il s'agit de construire un corps physique tout entier. Si vous n'arrivez pas à les appréhender, vous pouvez très bien les réaliser sans les comprendre. L'incompréhension s'avère dans ce cas un élément positif. C'est cela qu'utilise la méthode du recours à des zones éloignées de la conscience.

Concentrez-vous sur l'image de la personne à ressusciter. Considérez-la comme faisant partie d'une portion de votre conscience. Elle se trouve pour de bon dans une partie de votre conscience. Vous vous trouvez à présent dans l'espace de votre conscience. Dans un endroit de celle–ci se trouve l'image de la personne à ressusciter. Créez à présent un reflet de cette image dans une autre portion de votre conscience. Puis créez-en un autre dans une autre portion de votre conscience. Continuez dans diverses régions de votre conscience à créer de la sorte de nouveaux reflets de l'image de la personne à ressusciter. Lorsque vous aurez beaucoup d'images de la personne à ressusciter au sein de votre conscience, l'image passera dans la réalité et la résurrection s'accomplira».

LES CINQ ÉTAPES DU PROCESSUS DE LA RÉSURRECTION

PREMIER NIVEAU

C'est le fait même de la résurrection.

DEUXIÈME NIVEAU

Il correspond à l'harmonisation de deux sortes de réalité. La première est celle des « disparus », la seconde est celle des vivants. L'essence de cette harmonisation consiste dans le fait que le ressuscité doit pouvoir exister dans ces deux plans. Entre eux deux, « un temps mort », pendant lequel le passage s'effectue d'un état vers l'autre.

TROISIÈME NIVEAU

A ce stade, le ressuscité n'entre plus dans les structures des « disparus ». Son corps se stabilise, mais il possède encore ce que l'on appelle « le corps de balance ». Celui-ci permet, en cas de nécessité, de remplacer le corps physique. Le passage du corps physique vers « le corps de balance » s'effectue à la manière d'un liquide que l'on transvase d'un récipient vers un autre. Imaginez que le ressuscité rencontre quelqu'un qui n'est pas prêt à une telle rencontre. Pour ne pas le traumatiser, le ressuscité provoque une réaction de l'hypophyse de celui-ci de telle manière qu'il puisse percevoir la situation en état de conscience expansée. Au même instant le ressuscité opère un transvasement de « son corps de balance » vers un autre endroit de l'espace-temps. Il faut dire que l'âme qui opère tout cela est une structure infinie. De ce fait le ressuscité se retrouve à un autre endroit. Si tout cela ressemble à une téléportation, cela n'en est pas une. Dans le cas de la téléportation, l'individu doit connaître exactement les coordonnées de l'endroit où il doit « atterrir », ce qui nécessite un grand développement des structures de l'âme. Dans le cas qui nous occupe, le transvasement du « corps de balance » s'effectue vers un endroit déjà préparé.

Lorsque l'on filme, la caméra donne des images différentes de ces deux processus. Dans le cas de la téléportation, les mouvements s'enregistrent par images saccadées, alors que dans le cas du passage vers le « corps de balance », les mouvements paraissent se dérouler de manière fluide, au ralenti, comme si réellement la matière s'écoulait d'un endroit vers un autre (voir photo).

PHOTO I

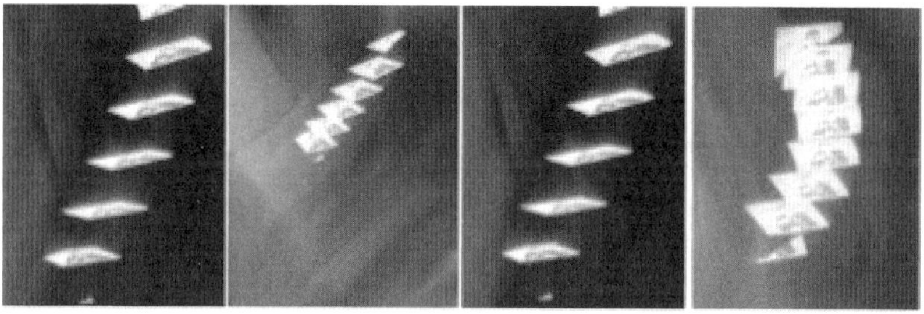

On assiste au « dépliement »saccadé de l'image de Grabovoï à partir, comme aurait dit David Böhm, d'un ordre « implié » (non manifesté).

PHOTO II

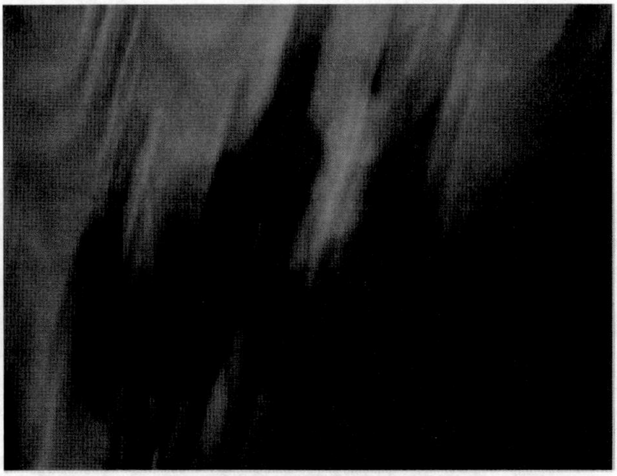

«Transvasement» de Grabovoï d'un endroit vers un autre par l'intermédiaire d'un corps de balance.

PHOTO III

Matérialisation de Grabovoï à partir d'une image de Télévision.

QUATRIÈME NIVEAU

A ce stade « le corps de balance » n'est plus utile, car les contacts avec les personnes que le ressuscité avait connues sont déjà établis.

CINQUIÈME NIVEAU

A ce stade, le ressuscité fonctionne comme un homme ordinaire. Il a cependant le choix de retrouver ses proches ou non. En effet, la famille peut se comporter d'une manière différente de celle que le ressuscité pouvait espérer. Lorsque le ressuscité a choisi en connaissance de cause son lieu d'habitation, il se place dans le cinquième niveau.

RENCONTRE AVEC LE PHÉNOMÈNE « CORPS DE BALANCE »

FAIT N° I

Nous avons été contactés, comme cela nous arrive de temps en temps, par une famille à la recherche d'un jeune homme disparu. Lorsque nous avons commencé nos recherches radiesthésiques, la disparition datait d'un mois. Les niveaux énergétiques du jeune N étaient plus bas qu'avant la disparition mais suffisamment élevés pour pouvoir donner des informations rassurantes à la famille. Nous localisions le jeune homme dans la région parisienne dans la proche banlieue où il résidait. Au bout de quelques jours, nous constations un déplacement rapide vers le Nord avec localisation en Belgique et plus précisément à Bruxelles. L'endroit que nous avions indiqué correspondait à un foyer de jeunes sans famille. Malheureusement personne n'avait vu le jeune homme. Deux jours après, nous constations à nouveau un déplacement, cette fois-ci vers l'Angleterre. Les déplacements continuaient cette fois-ci vers l'est, en direction de la Norvège. La rapidité des déplacements et les distances parcourues nous ont fait croire à un enlèvement par une filière de prostitution d'enfants. C'était inquiétant. Alors que nous étions en train de localiser de nouveaux déplacements vers le Moyen-Orient (Kazakhstan), une information stupéfiante nous arrivait : le jeune homme était mort depuis plus d'un mois et le corps avait été placé à la morgue de Paris. Le jeune N n'avait pas de papiers d'identité sur lui. Les causes du décès : un arrêt cardiaque. N. avait 17 ans.

Nous étions plusieurs radiesthésistes à opérer les recherches, quelques-uns de mes anciens élèves et moi-même. Malgré l'évidence des faits, le pendule continuait de nous indiquer que le jeune homme était en vie ! Nous ne comprenions pas. Le jour suivant nous eûmes un éclair de lucidité. Sur l'abaque radiesthésique de la situation dans l'après - vie, le pendule répondait « ressuscité ». Effectivement, étant remontés dans le temps, nous découvrions que le jeune homme était spontanément ressuscité cinq jours après son décès. Au moment de nos recherches, il se trouvait par conséquent dans ce qu'il est convenu d'appeler « un corps de balance » situé à la lisière de l'invisible et du visible. Il peut apparaître et disparaître en un instant et surtout pouvoir se déplacer, quasi instantanément, à n'importe quel endroit du globe terrestre. Nous recherchions par conséquent un individu qui se trouvait dans un corps bien particulier. Au bout d'un certain temps, ce corps de balance se stabilise et prend l'aspect du corps auquel nous sommes habitués. Nous avons expliqué la situation à la famille. Si celle-ci s'ouvre à cette dimension, le jeune homme peut se présenter à elle. Dans tous les cas de figure, la décision appartient au jeune N. Il faut dire que ce retour à la vie s'effectue avec l'acquis de toutes les incarnations précédentes. Le ressuscité retrouve sur terre d'anciennes connaissances, d'anciens parents, d'anciens amis, d'anciens frères et sœurs. (Ce récit a été publié dans la News Letter N°22 de www.sante-info-russie.com de Mai 2011).

FAIT N° II

L'événement se situe à Paris, le mardi 5 juillet 2011 aux alentours de 18 heures. Je suis assis à la terrasse du café « Chez Ginette » rue de Caulaincourt, non loin de l'hôtel où j'ai l'habitude de m'arrêter. Est assise en face de moi l'une de mes anciennes stagiaires et amie, Marguerite G. Au moment des faits, Marguerite avait sorti de son sac le livret de Grigori Grabovoï sur les « 31 exercices d'expansion de conscience » et me posait quantités de questions à ce sujet. Nous parlons du contenu et de la photo de son auteur en quatrième de couverture. La conversation porte également sur le processus de résurrection généré par Grabovoï. Soudain un personnage, arrivant derrière mon interlocutrice, attire mon attention par un geste surprenant en direction de la chaise occupée par Marguerite. Ce geste paraît « décalé » d'autant plus que le regard du personnage est plongé dans le vide. L'homme passe sur ma gauche et s'assied à une table voisine. Il est vêtu d'un costume noir, autre « décalage » car nous sommes en plein été, il fait très chaud, tout le monde est en bras de chemise. L'expression du visage de cet homme, son teint légèrement terreux et surtout quelque chose d'intense qui se dégage de lui, me font penser à un oncle décédé, Mitrophane. Cependant la conversation continue à se dérouler avec Marguerite, mais en arrière-fond une voix intérieure m'incite à transmettre à mon curieux voisin de gauche le prénom « Mitrophane » comme pour tester s'il le reconnaît. Je renouvelle « l'émission » à trois reprises. Il semblerait qu'à ce moment je me trouvais à cheval sur deux plans de conscience, le plan de conscience ordinaire, par l'intermédiaire duquel je communiquais avec mon interlocutrice et un plan de conscience modifiée qui me permettait d'entrer en contact avec le mystérieux personnage. Celui-ci avait sorti un ordinateur portable et l'avait ouvert.

Je me suis posé la question s'il était visible pour les autres. Je crois que non, car ni Marguerite, ni moi n'avions vu la présence de consommation sur la table de cet homme et, plus troublant encore, nous ne l'avions pas vu partir.

Rentré à Sainte Colombes sur l'Hers, je sors mon pendule et l'abaque correspondant au processus de résurrection, et j'inscris le prénom de mon oncle. Le pendule répond «ressuscité». À la question sur l'état du corps, la réponse est: «corps de balance». Ce corps, on le sait, se situe entre le visible et l'invisible et possède la propriété de se déplacer dans un espace a-local, c'est-à-dire sans les distances telles que nous les percevons. Ce corps permet aux ressuscités d'apparaître et de disparaître quasiment instantanément. Sur mon répondeur, en date du 6 Juillet 2011, un appel sans message du 00 00 00 00 00 est enregistré à 17H50, soit en décalage de 24 heures par rapport à l'événement.

Le 9 juillet 2011, je situe le personnage en Russie dans la région de la mer Noire et plus exactement dans la région de la mer d'Azov d'où il était originaire, ainsi que toute sa famille! Le 10 juillet, je le situe en Sibérie occidentale à Bajkit. Le 11, il est en Tanzanie à Mwanza au bord du lac Victoria. Dans sa situation particulière, le ressuscité va à la rencontre d'autres ressuscités connus lors de réincarnations plus anciennes.

Le 11 au soir, vers 22h30-23h00, je sens une présence. Je demande au pendule si l'oncle est dans la maison. La réponse est oui, à côté, à Clé d'Sol.

Le 12 au matin, je me rends à Clé d'Sol et monte au premier étage dans la salle de stage. J'essaie de le localiser par le ressenti, puis par les «rads masters». Il est assis sur une chaise au fond à droite. Je commence à lui parler de Grabovoï et de certains souvenirs personnels avec lui. Je me sens détendu et à l'aise, conscient de vivre des moments exceptionnels. Je remonte au bureau et demande au pendule si l'oncle est encore là. La réponse est non. Je remonte dans la salle de stage pour m'assurer de la situation avec les rads masters. Ceux-ci ne se croisent plus à l'endroit repéré il y a quelques instants.

Sur une carte, je le situe maintenant en Asie au Kazakhstan dans la région de Jezqazghan, pays d'où est originaire Grigori Grabovoï…

Le 13, je propose à l'oncle de revenir. Il revient. La discussion reprend. Je lui demande dans quel coin du monde il va s'installer. Il me répond qu'il ne sait pas encore.

Je demande un signe.

Dans la journée, je reçois un message muet affiché 13/07/2011 13/12/35 00006…

Le 14, je situe l'oncle à nouveau au Kazakhstan où probablement se trouve ce centre d'établissement des papiers d'identités pour les ressuscités dont parle Grabovoï (cf. Récit d'une résurrection). En effet, un autre ressuscité en corps de balance s'y trouve également (cf. Fait N°1). L'oncle revient dans la journée et une nouvelle conversation s'engage au cours de laquelle je lui demande comment il a appris l'existence de la résurrection.

- Par la conscience collective russe ?
- Le pendule répond non.
- Par mon intermédiaire ?
- À mon étonnement, le pendule répond oui.

Cela signifierait que nos proches sont près de nous, mais que nous n'en avons pas conscience et que nous les oublions dans notre quotidien.

Le 15, en fin d'après-midi, j'interroge le pendule pour savoir si l'oncle est présent. Curieusement le pendule refuse de répondre. Ayant reformulé la question différemment, le pendule demeure impénétrable. Je lâche prise. Vers 21 heures, je m'assoupis quelques instants sur mon lit, une revue russe de Hambourg à la main. Arrive le sommeil et avec lui un rêve : j'aperçois l'oncle Mitrophane, grand, élancé avec sa belle prestance poussant un landau d'enfant le long du petit chemin qui longe le cimetière de Sainte-Colombe. L'absence de réponse du pendule semble signifier que l'oncle se préparait à me rendre visite d'une autre manière. La symbolique du rêve en dit long : mort (proximité du cimetière) et renaissance (poussette d'enfant) !

16 SEPTEMBRE 2011 CAMPSAURINE CLÉ D'SOL

Martine C, une stagiaire arrivée la veille, nous raconte au matin qu'elle a entendu cette nuit un homme descendre du premier étage vers les toilettes. Elle nous dit avoir parfaitement entendu le bruit de l'eau. Elle rajoute qu'auparavant elle avait nettement entendu marcher à l'étage. Elle se demandait si ce qu'elle entendait en situation d'éveil ne provenait pas de la maison mitoyenne, mais nous lui avons assuré que les bruits ne passent pas vu l'épaisseur des murs.

Je monte dans la salle de cours, muni de mes baguettes de radiesthésie et repère rapidement l'emplacement où est assis « le personnage de cette nuit ». Très rapidement je pense bien entendu à l'oncle Mitrophane. Le pendule confirme mon intuition.

Plusieurs questions sont posées à l'oncle :

- As-tu besoin d'aide ?
- Non.
- Es-tu venu par affection ?
- Oui.
- Est-ce qu'un verre d'eau te serait utile ?
- La réponse est un petit oui.

Nous lui apportons un verre d'eau prélevée du robinet. On sait en effet que les ressuscités on besoin d'un contact avec l'eau qui renferme la mémoire terrestre de la période qui leur fait défaut.

L'oncle accepte également la présence du téléphone portable comme aide énergétique.

- Est-ce bénéfique pour toi si je m'approche ?
- La réponse est oui.

Je m'approche de la table où il a été localisé et lui tend les mains. Sensation de chaleur. Émotions. Michanne et la stagiaire font de même.

- As-tu un message particulier pour moi ?
- Non.
- Te sens-tu bien ?
- La réponse au pendule est un oui massif.
- Peux-tu te matérialiser ou nous envoyer un signe ?
- Pas de réponse.

Sur la photographie par laquelle Michanne communique avec l'oncle Mitrophane, un immense cadeau nous est offert. Sur le reflet des deux blisters qui venaient d'être enlevés d'un document de travail (issu de nos ateliers sur la structuration de la perception du passé, présent, futur), apparaît une image sur laquelle on distingue nettement un homme poussant un landau d'enfant. Quel merveilleux recoupement avec le rêve ! Somme toute, il s'agit d'un renouvellement de la symbolique du rêve.

L'oncle assiste à la séance de l'Atelier et nous suit pour déjeuner.

18 SEPTEMBRE 2011 AU MATIN

La stagiaire Martine C. vient de partir. Michanne et moi rangeons la salle de stage. Nous « regardons » avec les baguettes rads masters si l'oncle est encore présent. La réponse est positive. Il est avec nous ! Un dialogue via le pendule s'instaure.

- As-tu besoin d'aide ?
- Non.
- Est-ce que tu comptes m'apparaître ?
- Oui.
- Est-ce que je peux travailler de mon côté pour t'aider ?
- La réponse est un petit oui.
- Est-ce que mon accueil et la pleine conscience de ta présence suffisent ?
- Oui.
- Est-ce que tu perçois le document relatif au processus de résurrection que j'ai placé sur la table devant laquelle tu es assis ?
- Oui.
- Est-ce qu'il y a eu rencontre avec ton père (mon grand-père) dans ton corps de balance ?
- Oui.
- Un vrai contact ?
- Oui.
- La rencontre a-t-elle été facile ?
- Oui.
- La rencontre avec moi est moins facile ?
- Oui.
- Est-ce que ta présence à Clé d'Sol est essentiellement

affective ?

- La réponse est un petit oui.
- Est-ce que ta présence a une composante technique nécessaire pour la résurrection globale ?
- Oui.
- Est-ce que mes connaissances et ce qui se dégage de ce lieu te sont nécessaires ?
- La réponse est oui.
- Est-ce que l'atelier individuel auquel tu as assisté t'a apporté de l'aide ?
- La réponse est un petit oui.
- Est-ce que cela a été pour toi un re branchement sur la vie ?
- La réponse est un petit oui.
- Est-ce qu'il est utile de changer l'eau dans le verre que nous avons mis sur la table ?
- La réponse est oui.
- Peux-tu me dire s'il y a actuellement beaucoup de personnes en situation de corps de balance ?
- Oui.
- Peux-tu en évaluer le nombre ?
- Oui, des centaines et des milliers.
- Sont-ils liés à la Russie ? La Russie génère-t-elle le processus ?
- La réponse est oui.
- Est-ce que tu nous vois ?
- La réponse est un petit oui.
- Est-ce que tu nous ressens ?

- Oui.
- Est-ce une perception sensitive ?
- Oui.
- Est-ce que j'ai à démarrer un travail pour faciliter ta résurrection ?
- Oui.
- Lorsque tu m'apparaîtras, choisiras-tu un âge jeune ? 40-45 ans ?
- Oui.

18 SEPTEMBRE 2011 AU SOIR

Le soir, j'ai commencé à utiliser les méthodologies de résurrection de Grabovoï.

Je démarre par le « Phare d'Amour ». En voici le contenu : on se place dans une sphère de couleur blanche-argentée. Au-dessus, on place une sphère en or. A leur intersection, on crée la sphère « Phare d'Amour ». On l'illumine de lumière rose. On lui envoie un courant puissant d'Amour, on remplit la sphère de notre Amour, de notre Amour du Créateur et de tous les êtres de la planète Terre. À l'intérieur de la sphère dorée, on place la combinaison chiffrée correspondant à la résurrection, à l'image de Dieu : 2 145 432 et la formule de l'éternité E=V*C. L'énergie va et vient de la sphère de couleur dorée vers celle de couleur blanche-argentée. Ressentez le courant du « Phare d'Amour » vers vous. Envoyez ce courant d'Amour en direction de la personne à ressusciter. Souhaitez ardemment qu'elle revienne vivre une vie éternelle sur la Terre afin d'aider ceux qui en ont besoin ».

J'associe ensuite à l'image de l'oncle Mitrophane les combinaisons chiffrées suivantes :

- 319 817 318 (macro sauvetage et bien-être de tous).
- 2 145 432 (combinaison de la résurrection)
- 418 987 et 234 683 (combinaisons fournies par Grigori Petrovitch Grabovoï pour faciliter l'intégration des données par la personne à ressusciter).
- 88 197 975 919 (combinaison fournie pour faciliter l'intégration des informations concernant la résurrection collective).

Je demande à l'oncle de s'associer au travail entrepris et je demande l'aide au Créateur et à Grabovoï de m'assister dans ce travail.

21 SEPTEMBRE 2011

Comment grand-père a-t-il fait pour se ressusciter ? A-t-il reçu l'aide de quelqu'un ?

- Non.
- Il savait ?
- Oui.

Ma correspondante de Hambourg me recommande de demander à l'oncle qu'il aide les autres membres de la famille à revenir.

22 SEPTEMBRE 2011

Marguerite G est arrivée vers 18h30 pour assister à un atelier individuel. Je lui raconte les événements qui ont suivi la rencontre sur la terrasse « chez Ginette » et lui montre où se trouve l'oncle dans la salle de stage. Nous dînons dans ma maison qui jouxte Clé d'Sol et nous nous quittons vers 21 heures.

23 SEPTEMBRE 2011

Marguerite raconte qu'elle n'était pas très rassurée par cette «présence insolite» et qu'elle est restée éveillée et sur ses gardes. Vers 22 heures, elle a entendu un jet de billes qui dévalaient l'escalier du 1er étage (où se trouve l'oncle). Le bruit est fort, net. Pas de trace de billes sur le palier cependant.

25 SEPTEMBRE 2011

Je monte voir l'oncle et lui demande d'entrer en communication. Je lui propose de quitter sa place et de venir s'installer sur le canapé situé à l'autre extrémité de la salle de stage. Il le fait. Les baguettes ne se croisent plus à son emplacement précédent mais se croisent au niveau du canapé. Je remercie l'oncle. Il retourne à sa place et nous «parlons». Je lui demande s'il lui est possible d'aider d'autres défunts à entrer dans le processus. Sa réponse n'est pas positive. J'en conclus que c'est encore trop tôt. Je lui demande si le fait de s'approcher de lui et d'essayer de le toucher lui fait plaisir? Il répond oui. Question: est-ce-que ces gestes facilitent et accélèrent la résurrection. La réponse est oui.

- Peux-tu te matérialiser, compte tenu de notre préparation à t'accueillir?
- Non.

Je regarde en radiesthésie l'avancement du processus: il est à 50%. Il y a encore du boulot!

26 SEPTEMBRE 2011

Je suis allé prendre le thé auprès de l'oncle.

- Est-ce que tu me vois ?
- Non.
- Est-ce que tu me ressens ?
- Oui.
- Est-ce que tu m'entends ?
- Non.
- Est-ce que tu comprends ?
- Oui.
- Est-ce qu'à Paris tu me voyais ?
- Oui.
- Les autres te voyaient-ils ?
- Non.

27 SEPTEMBRE 2011

J'interroge l'oncle sur les proches.

- Faut-il les avertir ?
- Non.
- Si je comprends bien, tu ne comptes pas revenir vers eux ?
- Oui.
- Sais-tu ce que tu vas faire de ta nouvelle vie ?
- Oui.
- Vas-tu soigner les autres ?
- Non.
- Vas-tu t'occuper de la résurrection ?

- Oui.
- Vas-tu le faire en France ?
- Non.
- En Russie ?
- Non.
- En Amérique ?
- Non.
- En Afrique ?
- Non.
- En Belgique ?
- Non.
- En Italie ?
- Non.

Je commence à entrevoir la réponse.

- Vas-tu le faire au Kazakhstan ?
- Oui.
- C'est là où se trouve le centre de Grabovoï ?
- Oui.
- Alors pourquoi m'as-tu choisi pour t'aider à ressusciter ? Pour me fournir une expérience ?
- Oui.

Je suis de plus en plus dans l'émotion et surtout l'émerveillement devant la providence.

1er OCTOBRE 2011

Nous sommes en présence d'un stagiaire, Thierry R, très intéressé par le processus de résurrection. Nous démarrons la procédure telle qu'elle est décrite dans mon livre «l'Après-Vie» (page 94). Nous mettons des chants liturgiques orthodoxes et chacun des participants lit la prière: Par sa force, sa volonté dans l'éternité, puisse chacun revenir dans la réalité incarnée et transmettre les connaissances concernant la résurrection des âmes à tous les vivants. À la fin de la lecture, je ressens à l'endroit où se trouve l'oncle un accroissement de lumière. Nous mesurons l'espace aurique à l'aide des rads masters et nous nous apercevons que l'aura de l'oncle s'élargit et continue de progresser. A un moment donné, elle dépasse les limites de la salle. Thierry R. demande l'autorisation de palper les contours du corps de balance. Nous sommes en présence d'un homme de 1 m 90 à 2 m. Je propose à l'oncle de s'asseoir en décalant la chaise de la table. Le palpé confirme le changement de contour du corps de balance. Nous proposons à l'oncle de se lever et d'aller en direction de Michanne qui le localise avec les rads masters. Elle dépose l'instrument et esquisse le geste d'embrasser l'oncle. Émotion. Nous lui demandons s'il avait la possibilité de refuser notre demande de déplacement. Il répond oui. Nous sommes dans une situation de réelle communication.

Il me vient alors l'idée de m'assurer de la présence des pieds, car lorsqu'on se trouve en présence d'une entité, les jambes ne sont pas détectables. Dans notre cas, les baguettes se croisent jusqu'au sol. C'est une découverte particulièrement importante pour les radiesthésistes. Donc, nous nous trouvons bien en présence d'un corps de balance.

2 OCTOBRE 2011

Le travail se poursuit. L'oncle me dit qu'il manque de force pour travailler seul. Je lui en ai transmis.

3 OCTOBRE 2011

10h. J'ai placé devant l'oncle un verre d'eau positionné à l'intérieur d'un anneau Atlan afin de lui transmettre de l'énergie. L'oncle me dit qu'il a commencé le travail en janvier 2011 et que cela est fatigant. A la fin de la journée, il dit avoir récupéré de l'énergie. Du reste, les rads masters se croisent beaucoup plus nettement à son emplacement. J'ai procédé à des rituels en russe afin de faciliter la communication avec l'oncle et lui donner plus de forces. On avance ! En partant, je lui recommande de travailler de son côté. Ce sera ma dernière parole adressée à l'oncle dans son corps de balance.

21h30. Pour une raison que je ne comprends pas bien, je me sens dans un état de perturbation. Je regarde sur l'abaque radiesthésique le pourcentage d'avancement du processus de résurrection. Il est à 100 % ! Je regarde dans quel état se trouve le corps, il n'est plus en corps de balance mais dans un corps physique ! Je monte dans la salle d'atelier pour localiser l'oncle. Les rads masters ne répondent pas : il n'est plus là. Où est-il ? Le contact radiesthésique ne se fait pas. Je suis dans l'expectative; je vis un sentiment de joie mêlé d'inquiétude.

Le passage semble s'être opéré par un « portail » à Clé d'Sol. Le portail est une porte de passage entre l'invisible et le visible. Il en existe très peu : 3 seulement en Russie. C'est donc un événement important.

Mais où se trouve l'oncle ?

Le pendule ne répond pas à ces questions ! Après maintes tentatives d'interrogation, je commence à comprendre que l'oncle a été « projeté » en France à un endroit qui n'est pas pour l'instant localisable. La réponse arrive peu à peu : Toulouse. La date de l'événement, 3 /10/2011 est placée sous l'égide du chiffre de la résurrection (8) : 3+10+2011 = 8. Le processus aura duré le temps d'une gestation : 9 mois.

Le portail est situé devant la fenêtre sud de la salle d'Atelier du 1er étage. Sur l'abaque des plans inversés, le pendule indique clairement que nous sommes en présence d'une « porte » subtile.

Le pendule oscille sur la partie gauche, puis passe sur la partie droite et recommence. Nous sommes à la lisière de deux mondes ! Impressionnant !

Jean Tolédo, qui avait restauré Clé d'Sol, avait placé en évidence une pierre gravée, trouvée sur place, pensant qu'elle avait une signification. Il l'avait insérée à proximité de la fenêtre du futur « Portail ». Elle est la Clef du « Portail ». Le pendule indique qu'elle remonte à l'époque du culte de Mithra (curieuse coïncidence de consonance avec le prénom de l'oncle Mitrophane !).

J'ai interrogé le pendule pour savoir si le « Portail » était en mesure de guérir ?

La réponse est oui.

Il semble que les guérisons puissent survenir par branchement sur les zones énergétiques de santé correspondant à la Norme. L'âme se rebranche alors sur son modèle énergétique d'avant l'incarnation.

5 OCTOBRE 2011

Je localise l'oncle à Bourges. Pourquoi ? Je ne comprends pas ! Le contact ne s'établit pas. Je suis désemparé. J'ai alors l'idée d'utiliser le compas radiesthésique en pointant l'une des branches sur la ville de Bourges et l'autre sur le témoin portant le nom de l'oncle. À la question : me reçois-tu ?, le pendule commence à répondre oui ! Youpi ! Je lui transmets le message suivant : est-il utile pour le micro et le macro plan que l'on se rencontre ? Donnes-moi une réponse en ce sens. Le pendule répond oui.

- As-tu quelque chose de précis à faire à Bourges ?
- Oui.
- Dois-tu rencontrer quelqu'un afin qu'il te reconnaisse et puisse attester de ta résurrection ?
- Oui.

- L'as-tu connu en tant que Mitrophane ?
- Oui.

11h00 Quelques temps après, j'interroge à nouveau l'oncle.

- Sais-tu où habite ton interlocuteur ?
- Oui.
- L'as-tu déjà contacté ?
- Non.

16h00 J'interroge à nouveau l'oncle pour lui demander s'il a contacté la personne qu'il devait rencontrer.

- La réponse est oui.
- T'a-t-il reconnu ?
- Oui.
- Est-il d'origine russe ?
- Oui
- Vas-tu rester encore à Bourges ?
- Non.

L'oncle me dit qu'il ne va pas rester en France mais ira en Russie, à Taganrog. Il va y rencontrer d'autres ressuscités. Il me dit qu'il ne va pas rester longtemps. J'évoque la question de nous rencontrer. Je crois comprendre que c'est possible. Je lui demande si je peux lui fixer un rendez-vous ? Il répond que oui.

7 - 8 OCTOBRE 2011

Localisation de l'oncle à Krasnodar, à la frontière entre la mère d'Azov et la mer Noire.

Je comprends qu'il y rencontre des personnes ressuscitées. Je demande s'il va rester longtemps à Krasnodar. Il m'indique qu'il y restera sept jours.

- Vas-tu ensuite rentrer en France ?
- Oui.
- Vas-tu venir me voir aussitôt ?
- Non.

VENDREDI 14 OCTOBRE 2011

L'oncle a quitté Krasnodar le 13 vers 8 heures du matin. Il est maintenant à St Etienne en France. Les informations précédentes concernant les sept jours et le retour en France s'avèrent exactes ! Réconfortant !

MARDI 18 OCTOBRE 2011

Localisation de l'oncle à Carcassonne. Je lui demande comment il va ? Il répond qu'il va bien. Je lui demande d'où il trouve l'argent pour vivre et se déplacer ? Lui vient-il par des voies surnaturelles ? Il répond que oui. En posant cette question, je pense aux instances dont parle Grabovoï qui sont à cheval entre le plan terrestre et le plan non-terrestre.

- Vas-tu rester longtemps à Carcassonne ?
- Trois jours.
- Viendras-tu me voir après ?
- Non.

DIMANCHE 30 OCTOBRE 2011

L'oncle me dit qu'il va revenir à Carcassonne.

- As-tu un logement ?
- Non.
- Habites-tu chez des amis ?
- Oui.
- S'agit-il de ressuscités ?
- Oui.
- Sont-ils d'origine russe ?
- Oui.
- Sont-ils ressuscités depuis longtemps ?
- Oui, depuis trois ans.
- Ont-ils été ressuscités en Russie ?
- Oui.

La communication à l'aide du compas radiesthésique (une pointe fixée sur le témoin « Mitrophane » et l'autre sur la ville de Carcassonne) semble bien fonctionner.

- Tes amis sont-ils au courant de mon existence ?
- Oui.
- Est-ce qu'il y a beaucoup de ressuscités à Carcassonne ?
- Non.
- As-tu choisi Carcassonne par rapport à moi ?
- Oui.

JEUDI 17 NOVEMBRE 2011

- Est-ce que tu vas bien ?
- Oui.
- As-tu changé de nom ?
- Oui.
- Est-ce un nom à consonance russe ?
- Non.
- Est-ce que c'est un nom français ?
- Oui.
- Pour notre rencontre as-tu besoin que je fasse encore un travail ?
- Non.
- Es-tu prêt à me rencontrer ?
- oui
- As-tu l'apparence d'un homme jeune ?
- oui- 40 ans ?
- Oui.
- As-tu entrepris une recherche pour une activité professionnelle ?
- Non.
- Vas-tu le faire prochainement ?
- Non.
- Un ressuscité a-t-il besoin de travailler ?
- Oui.
- Tu vas donc être obligé de trouver un emploi ?
- Oui.
- Tes amis de Carcassonne t'aident-il dans cette

direction ?

- Non.
- Un ressuscité a-t-il besoin de gagner sa vie ?
- Non.
- Vis-tu partiellement dans un autre plan que le plan terrestre ?
- Non.
- Donc si je comprends bien, la notion de l'emploi, au sens classique du terme, est quelque chose de dépassé compte tenu des possibilités spirituelles et intellectuelles avec lesquelles tu es revenu ?
- Oui.

MERCREDI 14 DÉCEMBRE 2011

Localisation de l'oncle à Carcassonne rue Buffon, située proche du cimetière de Saint Vincent et de la gare !

13 JANVIER 2012

La rencontre avec l'oncle Mitrophane devait avoir lieu le 13 janvier 2012 à Sainte-Colombe sur l'Hers. Cette date avait été choisie, car il s'agit du nouvel an de l'ancien calendrier russe. A l'heure convenue, je me présente dans le petit jardin de Sainte-Colombe. Le temps est froid et gris. J'attends une bonne demi-heure, puis fait le tour de Sainte-Colombe en voiture. Pas d'oncle en vue ! Le jour même, j'interroge l'oncle qui me fait comprendre qu'il n'est pas prêt pour la rencontre.

Le lendemain, le 14 janvier, je partais en voiture pour Limoux. J'aperçois alors sur le tableau de bord un voyant allumé dont j'ignore la signification. Je m'arrête dans la petite rue qui mène vers le jardin du rendez-vous. En consultant la notice, je découvre que le voyant concerne l'attache d'un siège d'enfant ! Aussitôt apparaît le lien avec l'oncle qui s'était manifesté à plusieurs reprises par l'intermédiaire d'une voiture d'enfant. On s'en souvient, il m'est apparu une première fois en rêve le long du cimetière de Sainte-Colombe poussant un landau d'enfant. Une deuxième fois, il s'est manifesté par un reflet sur le blister dans la salle d'atelier, lieu de la résurrection.

MERCREDI 1er FÉVRIER 2012

J'interroge l'oncle pour savoir s'il est prêt à me rencontrer. La réponse est non. Je lui demande si je peux l'aider. La réponse est non. Je lui demande alors si les personnes chez qui il habite l'aide à se préparer à cette rencontre. La réponse est oui.

- Pourrais-je te rencontrer cette année ?
- Oui

SAMEDI 28 AVRIL 2012

L'oncle est toujours à Carcassonne.

- Est-tu prêt à me voir ?
- Non.
- En Juin ?
- Non.
- En septembre ?
- Oui.
- Es-tu heureux ?
- Oui.
- As-tu l'aspect d'un homme de 45 ans ?
- Non.
- 40 ans ?

- Non.
- 35 ans ?
- Oui.

Entre avril et juin, je localise l'oncle à Bourges.

5 JUILLET 2012

J'ouvre le dossier «Mitrophane» et je me rends compte qu'il n'est ni à Bourges, ni à Carcassonne. J'interroge le pendule et me rends compte que celui-ci me dirige vers Sainte-Colombe. Je suis en effervescence. Je tire une carte du village et j'obtiens la confirmation : l'oncle est à Sainte-Colombe !

Avec Michanne, nous partons aussitôt à sa recherche dans le petit jardin où je lui avais déjà donné un rendez-vous. Nous restons là une bonne heure. Personne !

Nous rentrons à Campsaurine, le voyant du siège d'enfant est allumé !

J'interroge le pendule.

- Es-tu à Sainte-Colombe ?
- Oui.
- Puis-je avoir un rendez-vous avec toi ?
- Non.
- Viendras-tu me voir à l'improviste ?
- Oui.

L'ENREGISTREMENT DES RESSUSCITÉS

Dans tous les témoignages des ressuscités, la part du temps réservée aux procédures d'enregistrement est importante. Grabovoï atteste que dans certains cas, les actes de décès s'effacent comme par miracle. Toujours est-il que la présence des ressuscités dans les lieux qui sont décrits par Grigori Petrovitch Grabovoï est d'après lui attestée de tous.

«Le ressuscité, après sa résurrection, doit se faire enregistrer officiellement. Un système d'enregistrement des ressuscités fonctionne dans le cadre d'une structure particulière. Ce sont des institutions spécifiques, avec des salles de réception, des téléphones, où le ressuscité peut venir se faire enregistrer. Ces organismes se situent dans un espace double: visible pour les ressuscités et ceux qui travaillent avec eux, mais invisible pour les gens ordinaires. Malgré cela la caméra est en mesure de fixer l'image de ces bâtiments.

Ces institutions ne sont pas créées par des hommes. Des personnes ordinaires n'ont aucun rapport avec cette création. Cependant, ces bâtiments ont la même forme que ceux construits par les hommes. Dans ces institutions travaillent des entités qui ressemblent extérieurement aux êtres que nous pouvons côtoyer ordinairement. Mais il s'agit d'êtres tout à fait différents qui, comme leurs institutions, possèdent cette propriété d'être visibles pour les ressuscités et non-visibles pour les gens ordinaires. Mais il arrive que ces institutions soient visibles par des gens ordinaires. Cela se passe, par exemple, dans les cas où le ressuscité aura eu auparavant des contacts avec des personnes «vivantes». Alors, l'institution devient visible. Les passants peuvent ne pas se rendre compte qu'ils ont affaire à un ressuscité, mais au même moment l'enregistrement a lieu. De sorte que cette institution est ouverte un certain temps pour tous, et ensuite devient à nouveau imperceptible pour les gens ordinaires. Il arrive parfois que le matériau de construction de ces bâtiments change de structure, mais l'essentiel est de savoir qu'ils existent physiquement. Ce système d'enregistrement où travaillent des entités (mais parfois aussi des hommes) apparaît seulement maintenant, mais en fait, il existe depuis longtemps.

La reconnaissance plénière du fait de la résurrection est la rencontre avec quelqu'un de vivant. Si le ressuscité est photographié simplement, sans contact avec quelqu'un de vivant, cela ne peut être considéré que comme une étape préalable de la reconnaissance du fait de la résurrection. L'importance du contact personnel réside dans la nécessité d'un contact avec le tissu vivant (reconnexion sur le plan informationnel). De sorte que la reconnaissance du fait de la résurrection dépend du contact avec quelqu'un de « vivant ». Ce n'est qu'ensuite que le ressuscité peut se faire enregistrer. Si le ressuscité se présente dans l'une des institutions ci-dessus mentionnées avec deux accompagnants, il peut se faire enregistrer aussitôt et ensuite demeurer dans la région, ou revenir vers ses proches. Si le ressuscité n'a qu'un seul accompagnant, il faut d'abord téléphoner à la salle de réception et demander la marche à suivre. La période finale de l'enregistrement est la délivrance des papiers. Avec ses papiers, le ressuscité peut poursuivre ses contacts déjà à un autre niveau. Il faut dire que dans les premiers temps, le ressuscité se trouve dépendant de ces structures administratives spéciales. Le programme est tel que pendant un certain temps le ressuscité participe à la procédure du sauvetage global (macro plan) ».

L'EXPÉRIENCE D'AUTO RÉSURRECTION D'ANATOLY NEKRASSOV

Anatoly Nekrassov est très connu en Russie par ses livres, « Construction de l'Espace d'Amour », « l'Amour Maternel », « Pensées Vivantes » « l'Auto-Résurrection est aussi une réalité », et bien d'autres.

« J'ai commencé à chercher, raconte-t-il, des pistes sérieuses pour sortir de mon problème de santé. J'ai 54 ans et je n'avais absolument pas envie de quitter cette vie. Donc je me suis mis en piste. Alors, ayant fait des recherches, je suis tombé sur les travaux de G.P. Grabovoï. Ils m'ont d'autant plus intéressé que depuis longtemps j'avais pris comme devise ces paroles du Christ : « Ceux qui vont croire en moi pourront accomplir des miracles autant que moi et davantage ». Donc je me suis dit que ces paroles du Christ étaient une véritable clé et elles me réchauffaient le cœur. Il y a 2000 ans, cet homme avait indiqué la direction. Or, à l'heure actuelle, nous disposons des technologies fournies par G.P. Grabovoï pour les mettre en application. J'ai donc commencé à les étudier.

QU'EST-CE QUE J'AI MIS EN PRATIQUE ?

La première direction dans laquelle j'ai travaillé est l'épanouissement de la conscience. La deuxième direction est la conscientisation de la vie éternelle au niveau cellulaire. Ces informations sont existantes mais nous les avons occultées. La troisième direction est le développement des facultés créatrices. Dans ses livres, Grabovoï incite toujours à développer nos facultés créatrices. J'ai utilisé les exercices d'expansion de conscience journaliers prônés par Grabovoï. Je les ai vécus avec beaucoup d'intensité et de profondeur. J'ai commencé ensuite à travailler avec les combinaisons chiffrées pour rétablir la santé de mes organes qui étaient en difficulté et les amener tous au même niveau. J'ai bien intégré le principe de la résurrection et je me le suis approprié. J'avais l'impression qu'il faisait partie de ma conscience. J'ai également travaillé avec les régions éloignées de ma conscience. J'ai également développé ma conscience au niveau du rapport avec le monde végétal. C'est un règne qui n'a pas été déformé et il est très facile de travailler avec lui. J'ai beaucoup travaillé avec l'eau. J'ai découvert les notions de «l'eau vivante» et de «l'eau morte» (à certaines heures de la journée l'eau acquiert au griffon des propriétés dynamisantes et à d'autres moments des propriétés restringentes). J'ai donc également acquis les méthodes de «pilotage» du corps. Puis je me suis ouvert à la notion du présent, passé, futur. J'ai donc mis en pratique l'ensemble de ces technologies pendant deux mois. J'avais l'impression d'avoir résolu tous mes problèmes et que je pouvais rester en vie. Mais ce n'était pas du tout ce que je croyais. Après mon anniversaire, le 18 septembre, les événements se sont précipités. Tous mes biorythmes se sont trouvés au minima. J'ai également eu ce jour-là une charge émotionnelle très d'importante et une accumulation de travail.»

ARRIVE L'ACCIDENT CARDIAQUE

Sa femme est prévenue de sa démarche et a reçu la consigne de ne pas appeler les secours. Le cœur ne bat plus. Quarante minutes après, l'âme d'Anatoly reconstruit ce qui venait d'être abimé. En effet, l'âme est cette partie divine en nous qui construit le corps et le matérialise, via l'esprit et la conscience. Depuis son accident, les facultés physiques et intellectuelles de Nekrassov sont accrues. Il ne dort que 4 heures par nuit.

RÉCIT D'UNE RÉSURRECTION PAR GRIGORI PETROVITCH GRABOVOÏ

L'extrait ci-dessous du livre de Grigori Petrovich Grabovoï « La résurrection et la vie éternelle font désormais partie de notre réalité », est probablement l'un des textes les plus importants, sinon le plus important de notre époque. Le chapitre premier relate : « Faits concrets d'actions de résurrection de personnes ». En son temps, Alan Kardec avait percé une brèche dans le matérialisme en développant le spiritisme. Mère, la compagne d'Aurobindo, avait à son tour continué le travail en abordant la question du mental des cellules et de leur libération de l'emprise de la mort. Le docteur Moody avait ensuite étudié la question des NDE (Near Death Expériences), l'expérience de mort imminente dans laquelle les personnes témoignaient de perceptions visuelles temporelles et intemporelles qui semblaient indiquer l'existence d'une réalité non-ordinaire établissant un voyage dans l'au-delà. Dans la démarche de notre propre travail publié dans le livre, « Dossier Entités », nous avons contribué à situer, par voie radiesthésique, les défunts dans leurs phases d'après-vie et opérons des transmutations de deuil particulièrement salutaires en thérapie. Plus récemment encore, Grigori Grabovoï est allé encore plus loin en développant la mise en pratique de la résurrection. Il accrédite un continuum entre « la vie » et « la mort » et contribue à changer en profondeur notre conception de l'existence.

La propagation des possibilités de ressusciter rend toute guerre inefficace, puisque les morts se relèveront et, qui plus est, se relèveront dans un état de conscience plus élevé que celui de leurs adversaires !

Mais voici sans plus tarder le texte lui-même.

SONT EN PRÉSENCE :

- A.E. Roussanov, la personne ressuscitée
- La mère de Roussanov, Émilie Alexandrovna Roussanova
- L'ex-épouse de Roussanov, Tatiana Ivanovna Koslova

TÉMOIGNAGE DE LA MÈRE DE ROUSSANOV.

« Le 25 septembre 1995 lors de notre rencontre avec Grigori Petrovitch Grabovoï, nous lui avons demandé de ressusciter notre fils Roussanov, né le 22 août 1950 et décédé le 16 juin 1995.

Mon fils est né à Moscou, il est décédé également à Moscou. Avant de m'adresser à Grabovoï, j'étais dans le désespoir le plus complet et j'ai eu un infarctus. Après ma demande à Grabovoï, j'ai retrouvé l'espoir de revoir mon fils et j'ai commencé à ressentir sa présence dans ma maison. Je suis allé au cimetière et lorsque je me suis approchée de sa tombe, j'ai constaté une fissure et au centre un cratère comme si de l'intérieur on avait éjecté de la terre. Dans les environs de minuit, j'ai clairement vu (les yeux fermés) partir de ma poitrine deux cordons blancs vers la tombe de mon fils, vers le cratère qui s'était formé à la surface. J'ai tiré ces câbles vers moi en ressentant un poids énorme. Tout cela s'est déroulé pendant quelques secondes seulement. Mon fils est enterré au cimetière de Vostoriakovsk. Mais la perception de sa tombe se situait au niveau de ma fenêtre qui se trouve au septième étage. Lorsque je me suis adressé à Grabovoï avec ma demande de ressusciter mon fils, je me suis confiée à l'ex-femme de mon fils, Tatiana Ivanovna Koslova, avec laquelle je suis restée, après leur divorce, en très bons termes. Elle avait assisté à l'enterrement. Elle racontait qu'elle avait croisé dans les rues de Moscou et de Kaliningrad des personnes ressemblant à mon fils. Au début du mois de février 1996, elle se trouvait dans le train « Yantar » joignant Moscou à Kaliningrad. Dans son compartiment, un homme ressemblait beaucoup à mon fils Roussanov. Il lui ressemblait extérieurement par ses manières, par son comportement, par ses gestes, par son regard, mais il paraissait désorienté et perdu. Il était en compagnie d'un autre homme qui semblait le guider mais qui, curieusement, ne l'a jamais nommé par son nom. Tatiana Ivanovna Koslova fût étonnée lorsqu'elle constata que mon fils à la vue d'une coupure de monnaie d'un nouveau modèle paraissait ne pas la connaître».

TÉMOIGNAGE DE L'EX-ÉPOUSE DE ROUSSANOV

De décembre 1975 jusqu'à en octobre 1982, j'étais mariée avec Roussanov. Après notre divorce, je suis restée en bons termes avec sa mère Émilie Alexandrovna. Au cours de ma rencontre avec elle, le 26 septembre 1995, (elle est née le 20 juin 1927 dans la région de Moscou) elle m'a raconté qu'elle s'était adressée à Grabovoï pour ressusciter son fils né le 22 août 1950 à Moscou et décédé le 16 juin 1995 à Moscou. Sachant que Grabovoï avait démarré un travail de restauration du corps de A.E. Roussanov, j'ai commencé d'octobre 1995 à février 1996 à observer dans la rue les personnes qui ressemblaient à Roussanov. Lors de mon voyage à Kaliningrad, je me suis trouvé en compagnie d'un homme qui me donnait l'impression qu'on l'avait extirpé de «l'autre monde». Lorsqu'il entra dans mon compartiment, j'ai aussitôt remarqué qu'il avait la même couleur de cheveux, les mêmes yeux et les mêmes traits du visage que mon ex-mari. Sa manière d'être ressemblait à celle de Roussanov. L'homme qui l'accompagnait était d'un âge mûr, de taille moyenne, mais tout au long du voyage il n'a jamais nommé le jeune homme par son nom. Lorsque cette personne montra au jeune homme de l'argent, celui-ci parut étonné en voyant une coupure de 1000 nouveaux roubles. Son accompagnateur lui expliqua qu'il s'agissait d'une nouvelle monnaie. On avait l'impression que ce jeune homme avait été absent de la vie pendant toute une période.

Grigori Petrovich Grabovoï : Examinons à présent le récit de la rencontre dans le train Moscou Kaliningrad. Dès le début, Émilie Alexandrovna témoigne que dès le commencement de mon travail concernant la « restauration » de son fils, elle a commencé à ressentir sa présence dans sa maison. Lorsqu'un homme passe par une mort biologique, qu'il est enterré et qu'il se trouve dans une tombe, toutes les connaissances qu'il a acquises durant sa vie conservent un lien avec la conscience du corps physique d'où cependant la vie est absente ou plus exactement ce que l'on appelle « la vie » est absente. Le corps qui ne possède plus les processus biologiques de la vie, en l'occurrence le corps de son fils mort, réagit au fait que la conscience de sa mère se porte sur lui, Il réagit à l'information contenue dans l'impulse d'une conscience extérieure et de ce fait, il se produit une réponse. Il apparaît qu'en se représentant le corps d'un homme mort, on peut transmettre à son âme la connaissance de la résurrection ».

Pour cette raison il est recommandé, lorsque l'on passe devant un cimetière, de s'adresser mentalement aux décédés et de leur donner la bonne nouvelle : la résurrection et la vie éternelle font désormais partie de notre réalité !

Grigori Petrovich Grabovoï : Après la résurrection, lorsqu'on commença à l'interroger, le ressuscité témoigna avoir enregistré l'attention qui fut portée par une conscience extérieure à son corps et dans son moi, bien que ses possibilités physiques aient été restreintes. Le ressuscité témoigne ainsi du fait, maintenant bien connu, que sur le plan informationnel, son corps physique continue d'exister et d'avoir des possibilités et des qualités pour continuer à faire partie de la société. Il est important de remarquer que ces nouvelles connaissances relatives à sa mort biologique coexistaient avec les anciennes.

Grigori Petrovich Grabovoï : Allons plus loin. Lorsque Émilie Alexandrovna est venue au cimetière et s'approcha de la tombe de son fils, elle remarqua une fissure profonde et un cratère comme si on avait éjecté la terre de l'intérieur. L'explication est la suivante. L'expulsion de l'intérieur doit être considérée comme une matérialisation première de la conscience qui se trouve dans le corps physique. Au commencement de mon travail de résurrection, il se produisit la première matérialisation de cette conscience sous forme sphérique et son expulsion vers le plan informationnel de la planète. Après cela, on assiste à la formation d'une structure matérielle autour de l'âme, celle que nous voyons d'habitude en regardant les êtres vivants. Ainsi, on peut considérer un être humain comme une structure de la conscience possédant une enveloppe physique.

Je ferais sur ce point une remarque. J'ai parlé de la matérialisation de la conscience dans une forme sphérique. Donc après le passage dans la sphère de la carcasse informationnelle de la planète, il peut se produire une projection soit dans un fœtus (on assistera alors à la naissance d'un enfant), soit cette projection peut se diriger vers un processus de résurrection. Dans notre cas, le pilotage fut dirigé vers une résurrection. C'est-à-dire qu'il fut recréé le même corps, il fut recréé le même être vivant. La résurrection fut opérée de la même manière que celle de Lazard par Jésus. La seule différence est que dans notre cas, la résurrection fut opérée non pas quelques jours, mais quelques mois après la mort physique.

Plus loin, Émilie Alexandrovna écrit qu'elle avait aperçu aux alentours de minuit, ses yeux étant fermés, la formation de deux cordons blancs partant de sa poitrine et se dirigeant vers la tombe de son fils, vers la formation du cratère. Elle tira ces cordons vers elle, éprouvant ce faisant, une sensation de pesanteur. Tout cela se déroula en quelques secondes. De cette description, il convient de remarquer que le fils de Roussanova fut enterré au cimetière moscovite de Vostoriakovsk alors que la vision de sa tombe se forma au niveau de la fenêtre de son appartement situé au septième étage. La description des deux cordons caractérise une étape de transition. Le premier cordon apparait lors de la mise au monde de l'enfant par sa mère, c'est la structure de la naissance de son fils. Le deuxième cordon correspond à la structure d'une possibilité de renaissance, d'une continuation de sa conscience ou de son essence. J'ai déjà précisé précédemment qu'après la mort biologique d'un être humain, il y a deux possibilités : ou bien la naissance d'un autre bébé, c'est-à-dire, une réincarnation, ou bien une résurrection et en conséquence la reconstruction du même corps, c'est-à-dire non seulement la restauration de la matière précédente mais également des différentes structures de la conscience. Dans le cas qui nous occupe il s'agit d'une variante de résurrection.

L'apparition des deux cordons et la perception sur le même plan de la tombe de son fils et de son appartement situé au septième étage, signifie la réunion des structures de la conscience de son fils avec le monde extérieur.

Dans la pratique de la résurrection, il y a un moment très particulier qui indique l'attachement du corps à la structure, à l'endroit où se trouve le corps après sa mort biologique. L'endroit où l'on place le corps correspond au point de liaison. Le premier lien se trouve dans un rayon de 2 m autour du corps physique. L'ensemble du lien se situe dans un rayon de 50 m à partir de la tombe et passe ensuite vers la carcasse informationnelle du monde extérieur. Dans la procédure de résurrection, la connaissance de ce lien et des moments liés à ce lien est importante étant donné que le retour de la mort biologique passe en réalité par l'intermédiaire de la structure de ce lien. Le ressuscité doit être orienté afin de pouvoir sortir de ce lien. Le récit de la vision d'Emilie Alexandrovna peut être expliquée de ce point de vue. Sa perception de la tombe correspond à une variante du lien du corps physique au lieu fixé.

La suite du témoignage de Roussanova repose sur le récit que lui a fait Koslova. Il en ressort qu'après le début de mon travail, elle commença à rencontrer dans les rues de Kaliningrad et de

Moscou des personnes ressemblant à son ex-mari. Quand elle se trouva dans le train « Yantar », allant de Moscou à Kaliningrad, elle se trouva face à un homme qui ressemblait à Roussanov. En relisant son témoignage, on peut penser que sa conduite fût trop passive. Mais essayez d'imaginer que vous vous trouviez face à quelqu'un qui ressemble à une personne que vous avez enterrée il y a quelques mois. En plus cette personne ne vous accorde aucune attention. Allez-vous vous approcher d'elle et l'interpeller en lui disant « salut, alors tu ne me reconnais pas ? » Peut-être seriez-vous tétanisé, perdant l'usage de la parole et incapable de faire le moindre pas, vos jambes étant comme du coton. Bien que Tatiana ne décrive pas ses impressions durant cette rencontre, on peut imaginer facilement le nombre de sentiments les plus variés qui l'ont envahie : étonnement, gêne, perte de moyens et d'un seul coup la prise de conscience de la réalité de la résurrection envers et contre tous. A l'heure actuelle, la résurrection est ressentie par la majorité des personnes comme un miracle et non comme une procédure standard, un phénomène naturel devenu normalité.

Mais pour l'instant, des êtres humains, voyant dans leur compartiment de train un proche qu'ils ont enterré, ne pourront pas arriver à une conclusion réaliste, soit parce qu'ils ne peuvent admettre le miracle ou bien qu'ils doutent de leurs propres réactions. Donc, à la lecture de cette déclaration, on doit prendre en compte l'état intérieur de l'homme qui se trouve dans cette situation. Ce livre oriente vers la prise de conscience de cette réalité et permet de clarifier la manière dont on peut se comporter dans de telles circonstances. Lors de la première rencontre avec un ressuscité, il est très important d'aborder une conversation avec lui et de lui proposer de l'aide.

Mais revenons à Roussanova (la mère), au passage où elle raconte que Koslova (l'ex-femme) a commencé à rencontrer des personnes qui ressemblaient à Roussanov (le fils), puis à sa rencontre dans son compartiment de train (Moscou – Kaliningrad) avec un homme ayant toutes les caractéristiques de Roussanov. On doit préciser que les personnes disparues ou plus exactement les personnes de retour ressentent particulièrement l'état de ceux vers lesquels ils reviennent et, en aucun cas, ils ne veulent leur procurer de stress inutile. Voilà pourquoi Roussanov a commencé à apparaître à une certaine distance de son ex-femme l'amenant progressivement à l'acceptation de son retour, d'autant plus qu'elle savait déjà que le processus de résurrection avait été mis en place.

Donc lorsqu'elle écrit qu'elle observait les personnes qui ressemblaient à son ex-mari, elle voyait réellement Roussanov ressuscité. On doit préciser que les ressuscités se conduisent avec attention et avec compréhension parce que leur conscience a reçu ces informations concernant la résurrection. Aussi acquièrent-ils une nouvelle psychologie et une nouvelle perception de la réalité. Ils considèrent, et cela est vérifié par leur propre expérience, que la vie est éternelle. Leurs rapports aux lois du macrocosme deviennent différents. Beaucoup de ces lois leur apparaissent de manière exacte et ils ne les transgressent jamais. Ils connaissent l'existence du lien de 50 m et lorsqu'ils reviennent sur le plan physique vers leurs proches, ils se tiennent pendant un certain temps à distance de cette limite.

Après la première étape du contact au cours de laquelle les ressuscités se perçoivent au niveau du ressenti, intervient le passage à l'étape numéro 2, l'état de la visualisation au cours de laquelle le ressuscité commence à entrer en contact plus rapproché avec les vivants. Nous voyons que Roussanov apparaît déjà de manière rapprochée à son ex-femme dans le compartiment du train. Portez votre attention sur le fait que le ressuscité commence à maîtriser la technique du pilotage, dans le cas présent, le pilotage de la situation. Ces techniques sont communiquées au ressuscité au moment de sa résurrection. En définitive, il peut les trouver de manière autonome et en même temps créer des situations nécessaires pour l'établissement du contact avec ceux qui le connaissaient et vers lesquels il revient.

Parlons de l'impression que Roussanov a produit sur son ex-femme dans le compartiment du train : il se ressemblait, tant extérieurement que dans ses manières, sa conduite, ses gestes, son regard, tout en paraissant désorienté et perdu. Il voyageait avec un homme qui était son accompagnateur, son guide, mais qui à aucun moment ne l'appela par son nom. Nous constatons à ce niveau dans les actions du ressuscité encore un élément de connaissances et plus précisément de compréhension du ressenti d'une personne l'ayant connu. S'il était apparu tout seul, l'attention que lui aurait porté son ex-femme aurait été tellement intense que cela aurait créé une difficulté dans le processus d'adaptation et aurait pu modifier le cours des événements.

C'est pour cela que dans cette situation, il a été introduit un élément de détournement de l'attention de l'ex-femme vers l'accompagnateur du ressuscité. Ceci étant dit, il n'était pas du tout indispensable que ce deuxième homme fut réel au sens habituel du terme, mais je n'aborderai pas ici la question de ces détails techniques.

J'ai parlé précédemment d'un lien d'attachement de 2 m à partir du corps physique. Donc la concentration sur ce deuxième homme (l'accompagnateur) correspond sur le plan subtil au détachement de cette première zone, c'est-à-dire de la tombe et la transition de cette zone vers l'accompagnateur. Remarquons que ce n'est pas obligatoirement un homme qui peut remplir cette fonction, cela peut être un objet, par exemple une voiture dans laquelle le ressuscité se déplace ou bien quelque chose d'autre. L'important est le principe du détachement du ressuscité de cette première zone. En allant plus loin dans le récit, le fait que l'accompagnateur n'a jamais nommé Roussanov par son nom en présence de Kozlova, indique le fait que dans cette situation cela pouvait produire un choc chez cette femme et détruire certaines de ses cellules. J'ai déjà dit que le ressuscité ressent parfaitement la situation de la personne qui se trouve devant lui, il a traversé des phases de déstructuration et de restructuration de sa conscience. C'est la raison pour laquelle il avance avec prudence.

Remarquez la phrase suivante dans le témoignage de la mère : « Koslova était étonnée lorsque son fils Roussanov... » Roussanova ne parle pas d'un homme qui ressemble à son fils, non, elle dit « lorsque mon fils... » On peut constater qu'après les récits relatifs de la rencontre avec son fils dans le compartiment du train, il s'est produit dans son esprit une parfaite identification à son fils ressuscité, qui était mort auparavant et qui se présente actuellement comme vivant. Ceci s'est vérifié par la suite. Soulignons que l'identification spirituelle constitue un critère de la preuve qu'il s'agit de la résurrection d'un homme particulier. La phrase suivante de sa déclaration : à la vue de l'argent (mille roubles d'un nouveau type) il montra qu'il ne connaissait pas cette monnaie, de la même manière qu'aurait pu réagir un homme ordinaire se trouvant à l'étranger au moment de l'introduction de la nouvelle monnaie. Il aurait exprimé de la même façon son étonnement face à une nouvelle réalité. Roussanov, au moment de l'apparition de la nouvelle monnaie, se trouvait dans l'espace clos de sa tombe, ce qui limitait sa conscience. Il en résulte que les disparus, c'est-à-dire ceux qui ont vécu une mort biologique, possèdent une conscience pratiquement identique que l'on appelle habituellement la vie. De ce fait, leurs réactions sont identiques face à une même situation.

D'après ce récit, il ne convient pas de conclure que nous avons décrit un processus standard de la résurrection. Pour l'instant, il est vrai qu'elle correspond à une procédure relativement typique dans l'état actuel de la conscience des individus. En fait, elle reflète les lois de la résurrection. Dans une grande mesure tout cela dépend de la préparation des vivants au retour de leurs morts. La procédure de la résurrection peut prendre un peu de temps. Dans des périodes à venir, lorsque la majorité des hommes comprendra que la résurrection est une procédure normale, la résurrection s'effectuera rapidement compte tenu de la préparation de la société à cet événement».

Grigori Petrovitch Grabovoï a sélectionné les témoignages concernant les ressuscités de telle manière que le schéma de la résurrection puisse permettre de ressusciter plus facilement par l'analyse des faits décrits.

PRATIQUE DE LA RÉSURRECTION

FORMATION DE LA BASE DES ÉVÉNEMENTS

Afin que le ressuscité puisse bénéficier d'une vie normale, vous devez imaginez à l'intérieur d'une sphère :

- son acte de naissance,
- ses papiers d'identité,
- son appartement (on peut pour cela utiliser les méthodes de matérialisation ou bien celle du cristal qui consiste à introduire dans la sphère l'image d'un cristal d'une haute qualité),
- ses diplômes, ou ce qu'il souhaite obtenir,
- le travail qu'il compte faire,
- un permis de conduire,
- une voiture…

On peut procéder de manière plus simple en plaçant toute l'information nécessaire dans la matrice informationnelle du ressuscité.

TECHNOLOGIE DE L'ACCORDEMENT : 2 145 432

Visualisez la combinaison chiffrée de la résurrection 2 145 432. Développez cette combinaison en hauteur et autour de vous. Formez une sphère d'un rayon de 1 m. Faites-la tourner autour de vous dans le sens des aiguilles d'une montre en accélérant le mouvement au maximum.

POSITIONNEMENT DE L'OBJECTIF AU NIVEAU DU MACRO SALUT

Vous devez comprendre que la résurrection n'est pas votre problème personnel. La résurrection assure le salut de tous. Grabovoï insiste sur le fait que votre action doit être dirigée vers le salut de tous et la prévention d'une catastrophe nucléaire globale. Le salut de tous et la résurrection doivent s'effectuer en vue d'un développement harmonieux de tous.

LE PILOTAGE DU MACRO SALUT

1. Créez une sphère d'un petit diamètre, d'une couleur blanche-argentée, représentant le macro salut.
2. Introduisez dans une deuxième sphère vos problèmes particuliers en les plaçant au centre.
3. La sphère du macro salut et la sphère des objectifs individuels doivent être réunis en une seule sphère d'un même diamètre.
4. Partagez cette sphère en deux.
5. Conférez l'objectif du pilotage à la demi-sphère supérieure, il s'agit de la formation du macro salut, la demi-sphère inférieure comporte l'information concernant l'objectif individuel.

POINT DE RENCONTRE AVEC LE RESSUSCITÉ

Introduisez l'information dans la sphère ou bien l'image de l'endroit de la rencontre. Introduisez la date et l'heure. S'il n'y a pas d'endroits concrets pour la rencontre, vous pouvez introduire dans la sphère l'information de votre attente de ce point. Lâchez cette sphère sur la végétation de l'endroit où doit se produire la rencontre pour informer en quelque sorte la végétation et peut-être même les maisons avoisinantes, les voitures et tout ce qui forme le continuum de l'espace-temps. De cette manière, tout l'environnement appelle, rayonne et «parle» de l'objectif fixé. Vous pouvez également fixer votre attention sur le sommet des arbres que l'on peut apercevoir de loin et les informer de la rencontre. Plus vous placez vos informations dans les zones éloignées de la conscience et plus le résultat s'obtient rapidement. Les zones très éloignées de la conscience assurent un traitement ultrarapide de la procédure. Vous devez vous représenter de manière très nette le point de rencontre et placer cette information dans les zones éloignées de votre conscience.

RÔLE DE LA MUSIQUE

Il est bon d'accompagner le processus de la résurrection par de la musique. Le ressuscité ressent la vibration qui lui est nécessaire pour se retrouver dans le monde des vivants. Lorsque la musique entre en résonnance avec l'âme, celle-ci ne se perçoit plus coupée du monde des vivants. Pour les défunts le son donne la «lumière de la vie».

TÉMOIGNAGE D'UNE RÉSURRECTION APRÈS 30 MINUTES DE DÉCÈS

LE 1er JANVIER 2002

Madame N. est en visite chez son amie Ludmilla, une femme solitaire de 74 ans. Ludmilla glisse subitement de sa chaise. Tout à coup, je vois son visage qui se déforme. Sa langue est pendante et de l'écume sort de sa bouche. Ses yeux deviennent vitreux et ses pupilles sont rétrécies. Je vérifie son pouls, il est inexistant. Sa respiration est absente et son cœur ne bat plus…

J'ai saisi le téléphone pour appeler du secours, mais il n'émet aucune tonalité. Je pars prévenir les voisins, mais je n'ai pas réussi à ouvrir la porte. Il ne me reste qu'à prier: «Mon Dieu, aidez-moi, Grigori Petrovitch aidez-moi!»… Tout à coup ma panique disparut. Dans mon esprit s'impose de la compréhension et la nécessité d'agir. Je me suis sentie comme hors du temps…

En premier lieu, il m'est venu à l'esprit le code 14 111 963 (date de naissance de Grigori Petrovitch). Les chiffres apparaissaient de couleur blanche-argentée à l'intérieur d'une sphère, elle-même argentée d'un diamètre de 10 cm. J'ai compressé cette sphère jusqu'à un diamètre de 2 cm et je l'ai introduite (par la pensée) dans le cœur de mon amie. Puis, j'ai envoyé les mêmes chiffres de couleur argentée vers son cerveau, en les disposant sur un ruban en or.

J'ai placé sur l'épaule droite de Ludmilla la sphère argentée d'un diamètre équivalent au volume de sa tête. J'ai maintenu cette sphère durant tout le travail, en y introduisant le code 2 145 432 de la résurrection.

Je disposai autour de cette sphère la combinaison suivante: 0 123 456 789 dans la couleur blanche-argentée. Les chiffres commencèrent à tourner dans le sens des aiguilles d'une montre, tout en s'étirant.

- J'introduisis alors le code 2 145 432 dans la sphère blanche-argentée ainsi que dans le plexus solaire. Je l'introduisis également dans toutes les fonctions : cardio-vasculaire, respiratoire, digestive, etc.
- Pour la régénération complète des fonctions de la tête, du cou, des mains, des pieds, j'introduisis le code 0 123 456 789 toujours dans la couleur blanche-argentée.
- Je plaçai dans la sphère blanche-argentée de 5 m de diamètre le code 2 145 432. J'illuminais constamment cette sphère.
- J'ai introduit le code 2 145 432 verticalement le long de l'épine dorsale et à l'horizontale le long des mains de droite à gauche et de l'épaule droite sur la tête, puis sur l'épaule gauche.
- Dans la chronologie du temps, je me représentai en continu, sans interruption, le film de la vie de Ludmilla, de manière à effacer le point de sortie correspondant à l'heure de la mort. Sur le plan informationnel, il est effectivement très important d'effacer l'information du départ. On peut la voir comme une coupure « dans le film » et « recoller les morceaux ».
- Je travaillais constamment dans le flux rose de l'amour; j'envoyais partout de l'amour y compris à la mort afin de la transmuter.
- Je plaçai autour de Ludmilla au niveau de sa ceinture une bouée de sauvetage blanche-argentée, à l'intérieur de laquelle j'ai introduit le code de la résurrection 2 145 432.
- J'ai introduit la cellule éternelle vivante du Créateur dans le cœur et le cerveau, ainsi que les codes 2 145 432 et 14 111 963.
- J'ai placé le cube – cône - cube dans le système circulatoire,

pour donner du tonus.

- Je faisais tout cela tour à tour mais également simultanément, en renouvelant constamment ce travail.
- Ludmilla reprenait vie peu à peu, avec de légères convulsions, puis un vomissement. Enfin elle commença à respirer.
- La première chose qu'elle a demandé en ouvrant les yeux : « où suis-je ? Qu'est ce qui m'est arrivé ? ».

Ludmilla est revenue dans son corps au bout de 30 minutes ! J'ai continué le travail pendant encore trois heures… Sa tension faisait des sauts. Je la mesurais toutes les 5 minutes. La normalisation de son état ne s'est produite qu'au bout de trois heures. La ressuscitée a demandé à boire et à manger. L'observation de son état se prolongea pendant 24 heure. La ressuscitée a téléphoné et a raconté qu'elle se sentait bien. Aujourd'hui, elle avait des invités.

Photographies de personnes ressuscitées.

L'OBJECTIF GLOBAL DE LA RÉSURRECTION

L'objectif du travail est d'obtenir une résurrection générale, telle qu'elle est annoncée dans les textes religieux. De nombreux livres de « factologie » parus en russe attestent d'innombrables cas de résurrection. Beaucoup de personnes se regroupent pour faire un travail en commun. Une immense ferveur s'en dégage ainsi qu'une grande reconnaissance à l'égard de Grigori Petrovitch Grabovoï. Elle s'exprime souvent par de petits poèmes comme celui-là :

Merci à toi pour tout ce que tu as donné

Merci pour la joie des rencontres

Merci pour la lumière de tes connaissances

Merci à toi de donner avec autant de largesse

De mon âme reçois ma profonde reconnaissance.

Ton épreuve n'est guère facile mais elle impose le respect

Lourd est le poids que tu portes

Mais la lumière qui se dégage de ton chemin de croix

Sauvera en un instant les âmes un moment égarées.

J'incline ma tête dans ta direction

Et à genoux devant l'immensité de ton message

Mon âme te chante des louanges

Et répand avec ferveur ta lumière autour de nous.

Toutes ces personnes racontent en détail leur cas personnel, souvent de manière particulièrement touchante. Beaucoup de lumière et d'amour se dégagent de tous ces textes. Certains témoignent de l'arrivée en masse de ressuscités qui se présentent aux portes d'entrées (portails) avec dignité, marchant au sein d'une procession émouvante, située à la lisière entre le plan subtil et le plan terrestre. Quelque chose d'extraordinaire est en cours.

LE CHEMIN COUVERT D'ÉPINES DE GRIGORI PETROVITCH GRABOVOÏ

Comme tous les êtres exceptionnels, Grabovoï indispose ses contemporains. Il fût l'objet d'attaques nombreuses et de calomnies odieuses. Lorsque Grabovoï fonda son parti politique Droug (qui veut dire ami en russe), et qu'il annonça son intention de se présenter à la présidence, cela lui fût fatal. On monta contre lui une sombre machination l'accusant, à tort, d'avoir pris de l'argent pour ressusciter les enfants morts dans le drame de Beslan. La suite se déroula comme une tragédie évoquant la passion du Christ, dont Grabovoï affirme du reste être la réincarnation.

Vorsobine, le journaliste qui a demandé à Grabovoï de ressusciter un portrait robot afin de lui tendre un piège apparaît comme celui qui lance le cri : « crucifiez-le, crucifiez-le ! ».

Les accusateurs se multiplient, même parmi les prêtres.

Les passions se déchaînent.

Les défenseurs dénoncent une manipulation.

Les partisans de Grabovoï organisent des manifestations.

Les plus audacieux dénoncent un procès politique.

D'un autre côté, les marchands du temple se multiplient. Ils vendent à des prix exorbitants ce que Grabovoï propose de donner. Il recommandait de ne faire payer que le prix de l'encre et du papier.

Les adeptes de l'enseignement de Grabovoï voient en lui le messie et témoignent des bienfaits de ses actions. Certains vont jusqu'à le représenter en icône et demander sa canonisation de son vivant. N'a-t-il pas été annoncé par les prophéties et n'est-il pas, d'après ses propres dires, la deuxième venue de Jésus ?

L'histoire se répète, mais l'essence reste et restera intacte, car la lumière éclaire les ténèbres. Comme le dit le père Vladimir, prêtre orthodoxe, « le mérite de Grigori Petrovitch Grabovoï est de changer la conscience collective (c'est-à-dire la réalité). L'importance de son action est comparable à celle du Christ ».

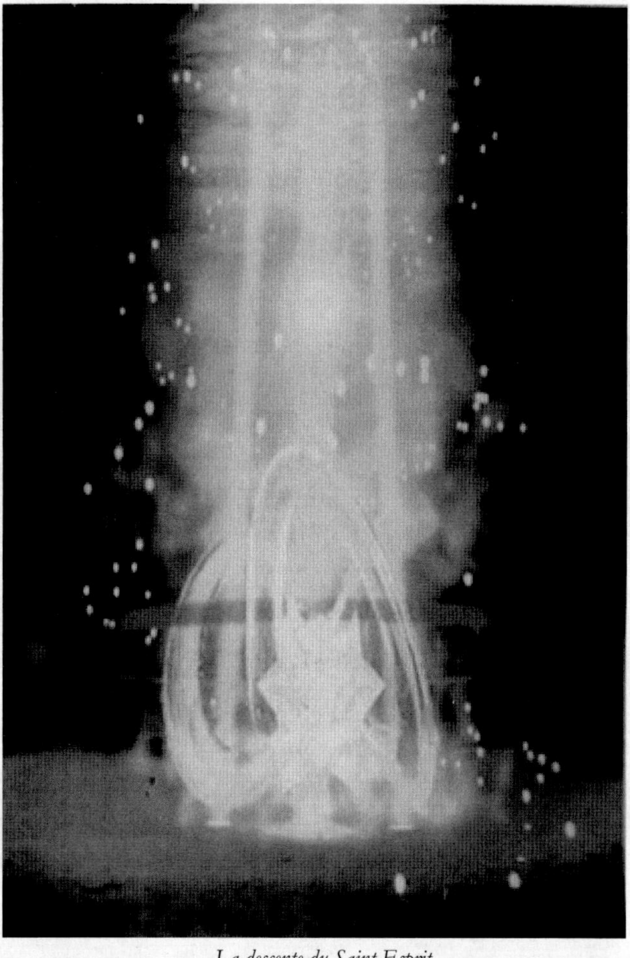

La descente du Saint-Esprit

« Et la lumière brille dans les ténèbres et les ténèbres ne l'ont pas reçue… Il était dans le monde et le monde a été fait par lui et le monde ne l'a point reconnu. Il est venu dans son héritage et les siens ne l'ont pas reçu. Et à tous ceux qui l'ont reçu, à ceux qui croient en son nom, il a donné le pouvoir de devenir enfants de Dieu, enfants qui ne sont jamais nés du sang, ni de la volonté de la chair, ni de la volonté de l'homme, mais de Dieu ».

Saint Jean

CONCLUSION

L'Histoire de Grabovoï démarre dès son enfance. Grigori Petrovitch raconte que des gamins sont venus dans la cour de sa maison pour lui dire qu'il était «Jésus». Le jeune Gricha demande à sa babouchka (grand-mère):

- D'où viennent ces enfants?
- Ils viennent de loin!

Comme ces enfants, Grabovoï paraît venir d'ailleurs. Homme d'exception, il restera dans l'histoire de l'humanité comme un précurseur de génie. Son discours n'est pas directement accessible et ses conférences ne connaissent pas les ponctuations et les césures de phrases qui nous sont habituelles. On le dit en contact direct avec le divin qu'il reçoit en jet continu. Ses disciples clarifient ses propos et inventent dans la lancée de nouvelles technologies plus accessibles au grand public. Ceux qui l'ont rencontré témoignent de l'immense douceur qui se dégage de sa présence. Ses inventions sont étonnantes et paraissent venir d'une autre planète comme ses machines qui se téléportent en cas de danger, mettant l'homme à l'abri de tout risque corporel. Grabovoï est un personnage étonnant au cœur d'enfant, visiblement non adapté à un monde peuplé de requins! Ses textes sont par moment naïfs et touchants. Son «russe» n'est pas des plus académiques et parfois il faut le relire plusieurs fois pour le comprendre. Le traduire en français ne fût pas simple, car ses répétitions et son style abrupt comporte une secrète magie qui ne se dévoile qu'après plusieurs lectures. Tout se passe comme si ses écrits révélaient progressivement leur sens, tel le jour qui perce progressivement les ténèbres au petit matin.

L'immense mérite de Grabovoï est d'avoir fait de la conscience le centre de tous les enjeux. Tel est le message de ce maître hors pair, annoncé par les prophéties y compris celles de Nostradamus, même si Grabovoï dit que les prédictions n'annoncent rien mais créent ce qu'elles annoncent. L'œuvre de Grabovoï est accomplie. Elle ouvre la voie aux prodiges de la nouvelle ère du Verseau. Le malade ne se déplace plus pour voir le médecin, car il n'y a pas de distance, tout étant inclus dans la conscience. Grabovoï nous permet de retrouver notre divinité, celle de guérir et de ressusciter. Gardons-la précieusement à l'abri de toutes les récupérations. Nous le lui devons, ne serait-ce que par respect pour les souffrances que ses contemporains lui font subir.

Serge Fitz - 29 07 2012

DIEU EST MON PÈRE

Auteur inconnu
L'Univers est mon chemin
L'immortalité est ma vie
La vérité est mon culte
La forme est ma manifestation
La paix est mon abri
L'obstacle est ma leçon
La joie est mon hymne
Le travail est ma bénédiction
L'ami est mon compagnon
Le voisin est mon frère
L'avenir est ma promesse
L'ordre est mon sentier
La perfection est ma destinée
La nature est ma mère
L'éternité est mon royaume
La pensée est ma demeure
L'amour est ma loi
La conscience est mon guide
L'expérience est mon école
La difficulté est mon stimulant
La douleur est mon avertissement
La lumière est ma réalisation
L'adversaire est mon instructeur
La lutte est mon occasion
L'équilibre est mon attitude
La beauté est mon idéal…

Auteur inconnu

L'AUTEUR

Serge Fitz est d'origine russe. Il est l'auteur de plusieurs ouvrages traitant différents sujets portant sur la santé, la radiesthésie, la géobiologie, la guérison etc. Depuis les années 2005 - 2006 il contribue à faire connaître Grigori Petrovitch Grabovoï, dans les pays francophones par l'intermédiaire de son site «www.sante-info-russie.com». Il a procédé à la traduction de nombreux textes issus de ses livres dont «La résurrection et la vie éternelle font désormais partie de notre réalité», «les exercices journaliers d'expansion de conscience». Il publie régulièrement des lettres d'information dans lesquelles il offre de nouvelles pages de traduction d'informations sur l'utilisation des combinaisons chiffrées qui permettent de s'auto-guérir de maladies les plus graves et de piloter par les technologies grraboviennes n'importe quelle situation vers un développement harmonieux et optimal.

Il transmet le message de Grigori Petrovitch Grabovoï en l'incluant au programme de sa propre école de formation de thérapeutes. Il utilise ses combinaisons chiffrées au sein d'un système de poly décagones permettant de rééquilibrer chacun des sept corps. Les combinaisons sont déterminées par voie radiesthésique et sont par conséquent spécifiques à chaque individu.

Chaque maître ou adepte en s'incarnant sur Terre s'entoure d'hommes et de femmes prédestinés qui l'aident dans sa mission pour le salut global, le salut de tous. Sans eux, le message des grands hommes comme Jésus, Bouddha, Mahomet, Saint-Germain… et parmi des contemporains Babaji, Gandhi, Sathya Saï Baba etc. ne parviendrait pas jusqu'à nous. Comme Arcady Petrov et bien d'autres, Serge Fitz est un de ces apôtres qui œuvre à faire découvrir ce nouveau Christ, Grigori Petrovitch

Grabovoï, au monde francophone. Sa volonté de transmettre passe par des rencontres, conférences, expositions, ateliers qui s'adressent à tout public y compris les professionnels de la santé.

Au nom de «Les Éditions Saint-Germain-Morya» nous le remercions d'avoir accueilli positivement notre demande de publier cet ouvrage qui est le premier en langue française sur l'enseignement et le système de guérison de Grigori Petrovitch Grabovoï.

LES ÉDITIONS SAINT-GERMAIN-MORYA REMERCIENT…

«Heureux l'homme, occupé de l'éternel destin,
Qui, tel qu'un voyageur qui part de grand matin,
Se réveille, l'esprit rempli de rêverie,
Et, dès l'aube du jour, se met à lire et prie !
A mesure qu'il lit, le jour vient lentement
Et se fait dans son âme ainsi qu'au firmament.
Il voit distinctement, à cette clarté blême,
Des choses dans sa chambre et d'autres en lui-même;
Tout dort dans la maison; il est seul, il le croit;
Et, cependant, fermant leur bouche de leur doigt,
Derrière lui, tandis que l'extase l'enivre,
Les anges souriants se penchent sur son livre.»

Parole de Victor Hugo

Au nom de «Les Éditions Saint-Germain-Morya,» je remercie l'auteur **Serge Fitz** pour l'écriture de ce premier livre en français sur les enseignements de Grigori Petrovitch Grabovoï.

Je remercie **Michanne Bezombes** de nous avoir accompagné de sa vibration d'amour durant les étapes de préparation du manuscrit.

Un merci tout particulier à **Liliana Langella** de son aide à tous les niveaux; de sa lumière, de son encouragement et de sa divine patience !

Un grand merci à mon Frère, **Jean-Pierre Wenger** de son aide à la révision du texte.

À **Anne-Marie Désilets** pour la correction finale du manuscrit.

Un grand merci à **Françoise Bach** pour ses conseils.

Je remercie **Grigori Petrovitch Grabovoï** d'être venu sur terre pour nous aider.

Je remercie son **Épouse et ses enfants** d'avoir choisi de l'accompagner.

Du courage, il leur en faut pour affronter ces difficultés. Plus vous êtes grand, plus difficile est pour vous la vie ici-bas.

Ischaïa

LES PUBLICATIONS DE L'AUTEUR

1. Le Monde des réalités vibratoires,
   Éditions Trédaniel –Vega.
2. Les capacités fantastiques de la conscience, aux
   Éditions Trédaniel.
3. Dossier Entités - Répercussions médicales et spirituelles,
   Éditions Servranx.
4. L'Après Vie - Nouvelles perspectives pour les disparus,
   Éditions Servranx.
5. Check up psycho bio énergétique au pendule - Découvrir les origines énergétiques de la maladie,
   Editions Servranx
6. Eco–Médecine,
   Éditions Servranx.
7. La Maladie, un mythe qui se porte bien,
   Éditions Recto Verseau.
8. Le Petit manuel d'Auto-Psy - les premiers soins de soi,
   Éditions Jouvence.
9. Bien vivre sa maison - manuel de géobiothérapie,
   Éditions Quintessence.
10. Les autres causes de la maladie,
    Editions Quintessence.
11. La Clé des kilos en trop,
    Éditions Ambre.
12. Soigner ou guérir - regards d'un thérapeute radiesthésiste,
    Éditions Vivez Soleil.
13. L'Energétique alimentaire,
    Éditions Lanore.

14. Les Marcheurs de l'infini - Récits d'éveil intérieur,
Éditions Lanore.

15. Réussissez votre convalescence / pour ne pas
confondre rémission et guérison,
Éditions Lanore.

16. Et si la maladie était un langage,
Éditions Des clefs pour vivre.

17. La Géobiologie et vous,
Éditions Mosaïque (ouvrage collectif).

NOS PARUTIONS

LES CLEFS D'ASCENSION
ou La Parole des Maîtres
de la Fraternité Blanche
Auteurs: Ischaïa et Sylvain Lagacé
320 pages / Poids: 450 gr
ISBN: 978-2-923568-00-3

Depuis fort longtemps, des écrits ésotériques et philosophiques proposent à l'humanité une ouverture vers l'ascension, offrant comme modèle, celui d'Élie et de Jésus. Mais combien de ces écrits donnent les moyens de la réaliser...

Ce livre procure aux chercheurs de vérité les clefs essentielles qui ouvrent en soi, les portes de l'initiation. Il offre le moyen de créer son propre véhicule de lumière afin de réaliser cette initiation, cette ascension intérieure.

Dans un monde où le stress et les maladies de toutes sortes rongent la vie; où le matérialisme engendre l'indifférence face aux valeurs fondamentales du coeur, cet ouvrage exceptionnel apporte des solutions aux vraies causes de l'échec social et du désespoir face aux maux d'aujourd'hui. Par la profondeur, la clarté et la simplicité de son enseignement, cet ouvrage démystifie et jette la lumière sur le concept de l'ascension qui suscite bien des questionnements. Il enseigne comment vivre son élévation au quotidien tout en étant bien ancré et bien enraciné dans sa matière.

Ce sont des messages reçus en channelling des maîtres de la connaissance, ces guides de la Fraternité Blanche, la fraternité de lumière qui gardent et protègent le temple intérieur de l'homme. Ces enseignements nous démontrent que l'ascension se vit au quotidien. Par l'effort constant que chacun fera de se purifier, d'être attentif à son coeur et à ses émotions, il la réalisera en retrouvant sa mémoire de fils de Dieu, d'enfant de la Lumière.

Cet ouvrage LES CLEFS D'ASCENSION est le premier d'une trilogie qui accompagnera l'homme dans sa quête de vérité. Il apporte une meilleure compréhension des maîtres ascensionnés, ces êtres de lumière, qui sont de plus en plus proches de l'humanité pour l'aider dans sa libération.

LA TERRE INTÉRIEURE
ou Le Paradis terrestre retrouvé

Récit authentique d'un voyage
au centre de la terre
Titre original: The smoky God
Auteur: Emerson, Willis Georges
174 pages / Poids: 260 gr.
ISBN: 978-2-923568-01-0

Des contes et récits de plusieurs traditions témoignent de l'existence d'un Paradis terrestre où vivent en secret, loin du regard des hommes, des êtres très purs. À l'image du corps humain, il existe à travers le monde un certain nombre d'orifices (grottes et portes subtiles) qui conduisent en des lieux souterrains cachés. De plus, des chercheurs ont découvert que la Terre, à l'image d'une pomme, présente aux deux pôles une ouverture donnant accès à un monde merveilleux qui serait ce paradis dont parlent plusieurs aventuriers ainsi que des sages de tous les âges. Ce lieu est habité par un peuple très évolué dont l'origine remonte à plusieurs milliers d'années. Des portes énergétiques le protègent contre les pollutions, le froid, la chaleur intense, les tempêtes et les vents violents. Il possède une technologie très avancée, inconnue des habitants de la surface. Ces êtres veillent sur les enfants des hommes, guidant patiemment l'humanité vers l'âge de raison.

Cet ouvrage, loin d'être un roman, témoigne de plusieurs faits authentiques ignorés de là majorité des humains. Il relate l'expérience vécue du Norvégien Olaf Jansen et de son père qui, animés d'un courage indomptable, dirigèrent leur petit bateau de pêche, vers le pôle Nord, à la recherche du paradis dont ils avaient entendu parler. Poussés par des vents puissants, ils se retrouvèrent à l'intérieur de notre planète, en un lieu paradisiaque où ils habitèrent pendant plus de deux ans. À leur retour par l'ouverture opposée, le pôle Sud, un iceberg brisa leur petit bateau. Le père fut tué. Le fils, lui, fut sauvé de justesse. Revenu parmi les siens, il tenta de raconter son aventure; personne n'en crut un mot. On l'incarcéra pour déficience mentale pendant vingt-six longues années d'extrêmes souffrances.

Libéré de ses chaînes, il s'établit aux États-Unis où il mena une vie paisible, se gardant bien de reparler de son aventure de peur d'être de nouveau enfermé. Avant de mourir, il appela à son chevet son seul ami, l'écrivain Willis George Emerson. Il lui remit les cartes de l'intérieur de la Terre qu'il avait dressées, ainsi que les écrits relatant son extraordinaire aventure... «Je désire que tous connaissent la vérité. Vous ne subirez pas les mêmes atrocités que moi, car cette histoire n'est pas la vôtre mais la mienne. Dans ma tombe, je serai à l'abri des non-croyants qui pourraient m e persécuter.»

À l'heure où certains privent l'humanité de son droit à l'information sous prétexte de la protéger, sommes-nous assez mûrs pour comprendre le message? Notre attitude et notre réaction en diront long!

CD : Connexion, Enracinement et Conscience de Soi

Expérimentez le pouvoir de la méditation et de la visualisation

Auteur : Ischaïa

ISBN : 978-2-923568-07-2

Ischaïa vous présente une série de 3 CD qui ont pour but de s'enraciner, de se connecter et de purifier les chakras.

Ces méditations et visualisations permettent de réaliser la détente et le calme, qui sont essentiels à la guérison physique, mentale et émotionnelle. Elles sont des outils puissants qui ouvrent la voie menant au sommet, au centre de son être, vers l'acceptation et la guérison de soi.

Elles permettent d'intégrer un certain détachement face aux situations et problèmes de la vie quotidienne tout en procurant les clefs nécessaires pour les résoudre.

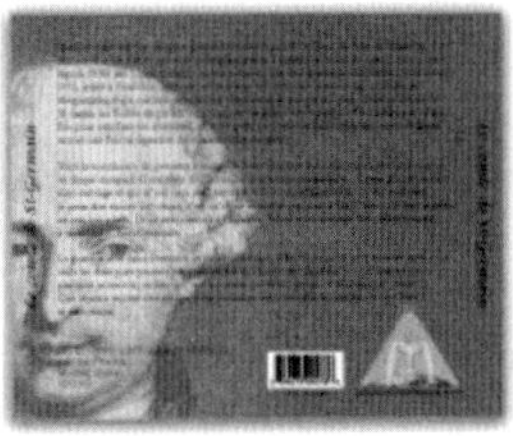

CD : LE COMTE DE SAINT-GERMAIN
Sa voix, Son message, Ses révélations, Sa promesse.
Auteur : Comte de Saint-Germain
Corps d'adoption : Richard Chanfray
Poids : 30 gr

Le seul moyen d'appréhender l'univers extérieur, c'est de se connecter intérieurement.

Saint-Germain est l'un des plus grands hommes connus de la Terre. Envoyé de l'Aggartha, il est derrière tous les rois et hommes politiques, grands ou petits, de notre monde. Il est sur terre depuis 17 000 ans... sans mourir. On le nomme à juste titre le « comte immortel ». Le 28 janvier 1972, invité à l'émission télévisée Le Troisième Oeil, il déclara devant vingt millions de téléspectateurs : « Je suis le comte de Saint- Germain. » Et pour le prouver, il transmuta en or 18 carats, un fusible de plomb sous l'oeil des caméras. Cette opération fut répétée plus d'une fois pour satisfaire les incrédules.

Voici la conclusion du précieux message de Saint-Germain que nous vous présentons sur ce disque compact. Il convient de l'accueillir comme une promesse : « ... À ceux qui ont écouté mon message et qui m'ont reçu avec sincérité, à ceux qui m'approchent et me reçoivent, je peux dire encore une chose, c'est qu'ils ne mourront pas tout à fait. L'esprit de leur matière ne sera pas perdu. Ils se retrouveront à l'Aggartha. Tel est mon message. Très attentivement à vous tous... Saint-Germain »

Le grand maître Saint-Germain, ce Frère Cosmique, offre l'Ascension à l'humanité entière, car seuls les êtres purs peuvent pénétrer les portes secrètes de l'Aggartha, là où l'homme vit sa première ascension; ce lieu qui est le paradis sur terre, que peu d'humains ont visité... Que chacun reçoive ce message, cette promesse, avec son coeur et tranche en son âme et conscience.

LE LIVRE DE L'HOMME NOUVEAU

Parole des maîtres ascensionnés

Spiritualité / channeling

578 pages/poids : 680 g

Format : 5,5" x 8,5"

ISBN 978-2-923568-04-1

Ce livre est un arc-en-ciel d'enseignements pour l'Homme nouveau qui se libère de ses chaînes et de ses vieilles croyances. Salué pour l'originalité de son style et pour sa valeur de document sacré, il accompagne l'être humain, homme et femme, dans son cheminement spirituel, en abordant bon nombre de sujets choisis sur les grands dossiers de l'humanité.

Les Maîtres Ascensionnés, ces êtres de lumière, répondent à des questions fondamentales que se pose l'Homme nouveau dans son désir d'atteindre le sommet de sa montagne intérieure. Par la vibration de lumière qu'il véhicule, ce livre est déclencheur d'une grande transformation spirituelle pour les chercheurs en évolution.

Il est dédié à l'humanité d'aujourd'hui, parvenue à l'apothéose des performances technologiques certes, mais bien appauvrie des valeurs spirituelles.

Les Maîtres Ascensionnés sont présents à nos côtés en permanence, veillant chacun, selon leur rôle, sur l'état du monde, manifestant aux yeux de tous le fil d'or de l'Amour inconditionnel, donné en abondance tout au long de ces enseignements.

Notre divine mère Marie nous dit : « Louangez et bénissez Dieu… En aucun temps de l'histoire de l'humanité il ne vous est parvenu, dans un si court laps de temps, autant d'information de la Hiérarchie. Soyez donc dans la gratitude. »

ICOSAMERON (tome I)
Voyage au centre de la terre
Ou L'histoire des 81 ans
qu'Édouard et
Élisabeth passèrent à l'inté-rieur de la Terre.

Auteur: Casanova di Seingalt, Giacomo

576 pages / poids: 676 gr /

ISBN :978-2-923568-02-7

«Icosameron – Voyage au centre de la terre» est certes une exploration intérieure, un récit initiatique hors du commun, une oeuvre magistrale et originale traduite de l'anglais par le célèbre Vénitien, Jacques Casanova de Seingalt, dont le nom restera au panthéon de l'histoire des grands de ce monde. Mieux que ses mémoires, cet oeuvre devait assurer l'immortalité à ce géant de son temps que seul un petit nombre reconnaît à sa juste valeur.

Ce récit palpitant des 81 ans qu'Édouard et Élisabeth passèrent à l'intérieur de la terre, vient raffermir notre foi en un Dieu qui sut pardonner, en révoquant Sa sentence contre Ses enfants, Adam et Ève, à qui il ouvre de nouveau les portes du paradis de la Terre intérieure d'où ils furent chassés.

À la lumière de ses connaissances bibliques, Casanova nous démontre que la Genèse fournit des éléments qui rendent ce récit plausible. Voici deux extraits de son texte:

«J'ai écrit ce commentaire, non pas pour prouver que l'histoire du monde intérieur est vraie, mais pour convaincre les chrétiens qu'elle peut l'être à l'égard de l'Écriture Sainte. Pour ce qui regarde les objections que pourront me faire plusieurs savants physiciens, je ne m'en mets pas en peine et je les attends de pied ferme. Voici ce dont il s'agit. Un jeune Anglais avec sa soeur tombèrent dans l'intérieur de notre globe. Ils y trouvèrent un monde éclairé par un astre, monde bien digne d'être préféré à cette pauvre surface, exil d'Adam où nous rampons, héritiers de sa faute et de ses peines. Ils trouvèrent ce monde-là habité par une race d'hommes différente de la nôtre, en nature, en forme, en moeurs; mais hommes, car doués de la faculté appelée raison qui seule distingue l'homme de la bête».

«Personne au monde n'est en état de décider si cet ouvrage est une histoire ou un roman, pas même celui qui l'aurait inventé [...] L'homme qui lit doit se mettre à son aise et croire vrai tout ce qu'il trouve vraisemblable et faux tout ce qui choque sa raison.»

«Icosameron» ou vingt soirées de récits palpitants de l'incroyable aventure d'Édouard et Élisabeth au centre de la terre.

ICOSAMERON (tome II)
Voyage au centre de la terre
ou L'histoire des 81 ans
qu'Édouard et
Élisabeth passèrent à l'intérieur
de la Terre

Auteur : Casanova di Seingalt,
Giacomo

552 pages / poids : 661 gr /
ISBN :978-2-923568-03-4

« Icosameron – Voyage au centre de la terre » est certes une exploration intérieure, un récit initiatique hors du commun, une oeuvre magistrale et originale traduite de l'anglais par le célèbre Vénitien, Jacques Casanova de Seingalt, dont le nom restera au panthéon de l'histoire des grands de ce monde. Mieux que ses mémoires, cet oeuvre devait assurer l'immortalité à ce géant de son temps que seul un petit nombre reconnaît à sa juste valeur.

Ce récit palpitant des 81 ans qu'Édouard et Élisabeth passèrent à l'intérieur de la terre, vient raffermir notre foi en un Dieu qui sut pardonner, en révoquant Sa sentence contre Ses enfants, Adam et Ève, à qui il ouvre de nouveau les portes du paradis de la Terre intérieure d'où ils furent chassés.

À la lumière de ses connaissances bibliques, Casanova nous démontre que la Genèse fournit des éléments qui rendent ce récit plausible. Voici deux extraits de son texte :

« J'ai écrit ce commentaire, non pas pour prouver que l'histoire du monde intérieur est vraie, mais pour convaincre les chrétiens qu'elle peut l'être à l'égard de l'Écriture Sainte. Pour ce qui regarde les objections que pourront me faire plusieurs savants physiciens, je ne m'en mets pas en peine et je les attends de pied ferme. Voici ce dont il s'agit. Un jeune Anglais avec sa soeur tombèrent dans l'intérieur de notre globe. Ils y trouvèrent un monde éclairé par un astre, monde bien digne d'être préféré à cette pauvre surface, exil d'Adam où nous rampons, héritiers de sa faute et de ses peines. Ils trouvèrent ce monde-là habité par une race d'hommes différente de la nôtre, en nature, en forme, en moeurs; mais hommes, car doués de la faculté appelée raison qui seule distingue l'homme de la bête ».

« Personne au monde n'est en état de décider si cet ouvrage est une histoire ou un roman, pas même celui qui l'aurait inventé [...] L'homme qui lit doit se mettre à son aise et croire vrai tout ce qu'il trouve vraisemblable et faux tout ce qui choque sa raison. »

« Icosameron » ou vingt soirées de récits palpitants de l'incroyable aventure d'Édouard et Élisabeth au centre de la terre.

LES MAÎTRES
Entretien Avec I-EM-HOTEP
Spiritualité / channeling
Auteur: K. Barkel
Format: 13,5 cm x 20,5 cm
176 pages / poids 230g / ISBN:
978-2-923568-05-8

Ce livre est d'un intérêt capital pour ceux qui cherchent à résoudre l'énigme de la vie, à savoir d'où ils viennent et où ils vont. Ils y trouveront des informations et indications pratiques d'une valeur inestimable, ainsi que des notions qui font entrevoir les plus profonds aspects de l'ésotérisme et l'immensité des mondes dont nous faisons partie. Les informations qu'il contient pourront éclairer le sentier qui mène à la Vérité, source de tous les enseignements religieux.

L'homme étant fait à l'image du système solaire, lorsqu'il ouvre son coeur et son esprit, il peut contacter des êtres vivant ailleurs et dans des sphères supérieures. Les prophètes, les saints, hommes et femmes de tous les temps, ont communiqué avec ces Grands Êtres. Des révélations très précises sont données sur ces sages qui composent la Grande Fraternité universelle et qui avaient été révélés auparavant pour la première fois par H.P. Blavatsky.

I-EM-HOTEP est une entité de l'Égypte ancienne qui enseigna à un groupe d'étudiants de l'ésotérisme à Londres en 1936, par l'intermédiaire du Channel: Madame K. BARKEL. I-EM-HOTEP était scribe et conseillé principal du roi Zozer. En plus de ses fonctions, il était médecin et architecte. C'est lui qui construisit la pyramide à degrés de Saqqarah qui servit de sépulcre au roi. Il était hiérophante du système religieux du pays et pleinement entraîné à l'ésotérisme car, disait-il, «toute la sagesse provient de l'ésotérisme, sans laquelle la Vérité ne peut jamais être trouvée».

I-EM-HOTEP est associé à Thot (Saint-Germain). Il est divinisé en tant que fils de PTAH l'Ancien.

Cet enseignement d'une très grande profondeur fera beaucoup de bien à ceux qui cherchent.

L'alliance avec le Divin
Triomphe de la Lumière
Auteur : Ischaïa
232 pages / Poids : 265g
Format : 5,5" x 8,5"
ISBN : 978-2-923568-06-5

Au seuil de l'Ère Nouvelle, nous observons nombre d'événements des plus exaltants aux plus inattendus. Nous prenons connaissance de découvertes importantes jusqu'alors considérées par l'homme ordinaire comme appartenant à l'imaginaire, aux croyances ou aux faits du hasard. Citons par exemple le cas de ces enfants qui jouent avec des animaux jugés par l'homme comme étant des plus dangereux. On découvre aussi des humains qui vivent depuis 65 ans sans manger ni boire; d'autres qui vivent à un âge très avancé, allant jusqu'à 250 ans et plus; de plus en plus d'enfants naissent avec des talents remarquables et des facultés incroyables etc.

Quel secret se cache derrière ces «miracles»? Ce secret est gardé en l'homme et les clefs pour le découvrir sont aussi en lui.

Nous entrons dans l'Ère où les hommes et les dieux se reconnaissent dans leur filiation divine. Ils mangent à la même table et parlent le même langage, celui du coeur.

«Aucun temple n'est si souillé qu'il ne puisse être nettoyé. Aucune pensée n'est si tordue qu'elle ne puisse être redressée. Et aucun coeur n'est si fermé qu'il ne puisse être ouvert à la joie de l'amour pur». L'homme retrouvera son héritage perdu. Son corps de chair sera lavé, il triomphera de tous ses ennemis intérieurs et retrouvera sa liberté sur le plan de l'âme.

Cet ouvrage, «L'ALLIANCE AVEC LE DIVIN Triomphe de la Lumière» offre des clefs simples qui ramènent l'homme à l'unité originelle avec son être divin.

Le comte de Saint-Germain et les Maîtres de l'Aggartha dans l'oeuvre de François Brousse

Auteur : Jean-Pierre WENGER

456 pages / 545 g / ISBN : 978-2-923568-08-9

Format : 5,5" x 8,5"

J'apparais personnellement à travers les âges comme une comète éternelle et vagabonde. On m'a vu dans l'antique continent atlante, tel un sage aux pouvoirs mystérieux. J'ai surgi à la base des grandes civilisations, comme une providence vivante, sous les masques d'Imouthès, le dieu constructeur de pyramide, d'Amourrou, celui qui sait les chemins de la Montagne, de Zerovanus, le contemplateur des deux Principes invincibles. [...]

Au XVIIIe siècle, alchimiste immortel, je fabriquais de l'or, faisais grossir des perles, purifiais des diamants, guérissais des maladies, dévoilais l'avenir du monde. Au XIXe siècle, j'ai fondé, avec Koot-Houmi et El Morya, cet édifice de granit, la Société théosophique où furent étudiés les mystères essentiels de l'univers. Sa fondatrice officielle, l'étonnante Helena Petrovna Blavatsky, sortait des sanctuaires initiateurs de l'Asie. Elle fut sur la Terre notre disciple bien-aimée, notre messagère fulgurante. [...]

Aujourd'hui, c'est à vous [François Brousse] que je me présente, apportant révélations métaphysiques, scientifiques, prophétiques et méthodologiques.

Le comte de Saint-Germain (propos tenus dans Les Visiteurs des millénaires)

Il faut savoir que le but de l'évolution est de fabriquer des humains immortels, non dans leur corps physique (utopie contradictoire), mais dans leur corps éthérique. Ils peuvent alors, par la concentration de leur volonté, condenser des corps tangibles. La nuance est de taille ! Ainsi le comte de Saint-Germain et Melchisédech apparaissentils d'âge en âge, avec de longues périodes d'occultation. Donc, l'explication éthérico-créatrice illumine les mystères de l'Aggartha.

L'Aggartha est composée de ces hommes surhumains qui sont devenus des dieux. Ils ont atteint l'immortalité parfaite en ce sens qu'ils ont un corps éthérique indestructible, grâce auquel ils peuvent refaire à leur gré des corps physiques.

L'Aggartha comprend vingt-deux grands maîtres, ceux qui ont atteint la conscience cosmique et l'illumination permanente. [...] Ces vingt-deux grands sages sont les points de convergence de l'humanité tout entière. En l'Aggartha, il y a la puissance, l'amour, la sagesse et la création de la beauté, ce qui fait que l'homme devient semblable à Dieu, Dieu qui est à la fois le grand poète, le grand géomètre et le grand amoureux éternel. [...] Ces maîtres ont atteint l'immortalité du corps éthérique. [...]. En voici les noms... (Cf. chap. L'Aggartha)

François Brousse (1913-1995)

Il nous fera plaisir de garder le contact avec nos fidèles lecteurs.
Envoyez-nous vos commentaires sur nos parutions à l'adresse suivante :

Les Éditions
Saint-Germain-Morya Inc.

Attn : Ischaïa

6389, rue d'Iberville,

Montréal, QC / H2G 2C5 / Canada

Courriel : edition@saint-germain-morya.com

Site : http ://www.saint-germain-morya.com

Tél. : 514-728-1020

Prénom________________ Nom _______-________________

Adresse ____

Ville____________________ Code postal__________________

Région / Province_______________ Pays__________________

COMMENTAIRES

TARIF DES COMMANDES

LES ÉDITIONS SAINT-GERMAIN-MORYA

LIVRES		$ Can	Euros	Poids des articles
• Le Livre de l'Homme Nouveau	ISBN 978-2-923568-04-1	24.65 $	23.33 €	680 g
• La Terre Intérieure	ISBN 978-2-923568-01-0	23.65 $	22.31 €	260 g
• Les Maîtres	ISBN 978-2-923568-05-8	22.95 $	22.31 €	230 g
• Icosameron – Tome I	ISBN 978-2-923568-02-7	23.65 $	23.33 €	676 g
• Icosameron – Tome II	ISBN 978-2-923568-03-4	23.65 $	23.33 €	661g
• L'alliance avec le divin	ISBN 978-2-923568-06-5	22.95 $	21.50 €	265 g
• Les clefs d'ascension	ISBN 978-2-923568-00-3	23.65 $	22.31 €	450 g
• Le Comte de Saint-Germain et les Maîtres de l'Aggartha	ISBN 978-2-923568-08-9	23.65 $	23.95 €	545 g
NOUVEAUTÉ				
• Grigori Petrovitch Grabovoï L'homme des codes de guérison miracle :	ISBN 978-2-923568-10-2	22.65	22.31	
CD				
• Le Comte de Saint-Germain :	ISBN 978-2-923568-09-6	21.95 $	21.30 €	
• Connexion, Enracinement et conscience de soi :	ISBN 978-2-923568-07-2	19.95 $	21.50 €	
Frais d'expédition : USA, Canada 15 $ / Europe et tous pays: tarif international				

Tarif postal international par Poste Canada • Maximum de 500g : 25 euros (par avion) • Maximum de 1 kg : 30 euros (par avion) • Maximum de 2 kg : 45 euros (par avion) • Maximum de 3 kg : 60 euros (par avion)
Pour recevoir notre documentation, pour les séminaires et conférences, contacter les Éditions Saint-Germain-Morya Règlement par chèque ordinaire (euros, dollars canadien, dollars américains). Autres devises : mandat international. Commande par téléphone, fax, internet. * S.V.P.: avant de téléphoner ou de faxer, prière de tenir compte du décalage horaire... Nous vous en remercions !

LES LIVRES DE GRIGORI PETROVITCH GRABOVOÏ

(EN ANGLAIS SUR AMAZON.CA) ET AUTRES LIVRES SUR LE SUJET

1. Methods of Healing Through the Application of Consciousness.
   Grigori Grabovoi
2. Concentration Exercises.
   (en Français sur internet: site infoRussie).
   Grigori Grabovoi
3. Unified System of Knowledge.
   Grigori Grabovoi
4. Selected Lectures.
   Grigori Grabovoi
5. Restoration of the Human Organism Through Concentration on Numbers.
   Grigori Grabovoi
6. Introduction to the Methods of Grigori Grabovoi.
   Svetlana Smirnova
7. Save Yourself. Part I of Trilogy Creation of the Universe.
   Arcady Petrov
8. Save the World Within You
   (Trilogy: «Creation of the Universe,» Book 2).
   Arcady Petrov
9. Save the World Around You
   (Trilogy: «Creation of the Universe,» Book 3).
   Arcady Petrov
10. L'Après Vie - Nouvelles perspectives pour les disparus.
    Serge Fitz